Mi reino por tu amor

Sheina Lee

Marzo, 2020

El Cónsul Marcio Tulio Caius saludó con un gesto al lanista Aurelio Justus y comenzó a luchar con uno de los principales gladiadores del lugar. El luchador, estaba advertido que no debía dañar a la importante visita, aunque este había insistido en que sería un duelo a muerte.

La oscura cabellera del cónsul brilló bajo la luz del sol mientras sus feroces ojos azules lucían depredadores como los de un tigre acechando a su presa. La batalla comenzó, y en pocos minutos, el vencido gladiador cayó al suelo.

-Te dejaré vivir, hoy estoy magnánimo-comentó recordando la noche de placer y lujuria que había tenido. Y tú-señaló al ludista que se deshacía en aplausos- no me prejuzgues. Soy un gran combatiente, así que no vuelvas a decir a tus esclavos que me traten con mano de seda. No creas que no lo percibí, estás informado si deseas que regrese.

-Lo siento, señor, quería cuidarte, ¿Qué haría nuestra ciudad sin ti?-señaló el servil hombre, refiriéndose a Útica la capital de la provincia romana de África Proconsular que gobernaba el hombre.

-SI puede llamarse ciudad a este sitio-masculló Marcio pensando como el Emperador Augusto lo había dejado enclavado en ese tugurio después de haberle brindado tantos triunfos. Por suerte, el Cónsul Plinio murió, y ya no tengo a nadie más que me controle. Seguramente, nadie querrá venir por aquí. Algo bueno hay en todo esto.

-Gran noticia, Señor, supimos que te habían ascendido.

-Así es. Soy el amo absoluto de esta provincia y la haremos mejorar mucho. Puedes estar seguro.

-Por supuesto, Marcio. Pasa Señor, tomemos un vaso de vino antes de que te marches para festejar tu nombramiento. Está lo suficientemente fresco para saciar perfectamente tu sed.

-Solo tomaré un trago, estoy apurado. Debo reunirme con mi madre antes de que caiga el sol

-Será solo un momento, y podremos conversar .Quisiera comprar más esclavos para mis juegos, sabes necesito figuras nuevas. Algunos ya están viejos, o agotados sugirió con cautela. Pensé que podrías apoyarme.

-No tengo nada que ver con eso, solo me ocupo de organizar y dirigir este lugar Y en pocos días debo partir para controlar algunas zonas rurales, que no están entregando   los tributos adecuadamente, aun teniendo los recursos necesarios para hacerlo.

-Quizá entro esos traidores podría haber algo para mí. Tendrías una importante comisión, sabes que soy un hombre rico-sugirió el hombre sagazmente.

-Pues sería bueno que gastaras tu dinero en beneficio de tu emperador, sabes que es muy exigente respecto a los impuestos. No quiero volver a escucharte o tendrá que sancionarte por intentar corromper a un funcionario romano. Tal vez, querrías saborear tú mismo la arena de los juegos.

-Perdona, Señor. Mi interés era solamente ayudarte -susurró el hombre secándose las gotas de sudor que comenzaban a humedecer su rostro.

-Cuídate-sonrió Marcio ferozmente. Nos vemos.

-Adiós, Señor, espero tu pronto regreso-agregó el hombre bajando la cabeza humildemente.

Marcio asintió una vez más y salió seguido por sus hombres. Era hora de marchar a su casa y enfrentar a su madre, la bella Apolonia, quien había quedado viuda hacía unos años.

-Creo que está llegado el momento de casarla nuevamente, un buen esposo la alejaría de mi vida y no tendría que soportar sus cansadores sermones. Y luego solo faltaría deshacerme de mi hermano Darío otro bueno para nada - comentó el hombre acomodándose sobre su elegante caballo. ¡Vamos!-

exclamó espoleando al animal que tras emitir un fuerte relincho comenzó a correr pro los tortuosos caminos.

-Este Aurelio es verdaderamente asqueroso. No tiene límites cuándo se trata de obtener alguna moneda, pese a la excelente posición económica que disfruta-comentó Marcio a uno de sus hombres.

-Así son la mayoría de los lanistas. Nunca están conformes con su suerte -respondió este sacándole una sonrisa al Cónsul.

Horas después, los hombres llegaron a la casa de Marcio, deteniéndose en los amplios establos que este había hecho construir especialmente para sus caballos, y que lo hacían distinguir en toda la región.

-Señor-se acercó corriendo una esclava del hogar apenas verlo desmontar del alazán. Su madre desde hace rato pregunta por usted. Necesita verlo con urgencia.

-Dile que espere, estoy ocupado. Debo organizar mi expedición para los próximas días, en cuanto termine iré-acotó molesto.

-Como ordene, amo-asintió humildemente la mujer, sabiendo que contrariarlo podía costarle la vida.

El calor comenzaba apretar con fuerza cuando el cónsul culminó de dar las últimas indicaciones para su marcha.

-Esta vez, no regresaré hasta cobrar todos los tributos de las principales ciudades y pueblos cercanos, estoy cansado de excusas –rugió intentando contener la cólera que lo invadía cuando recordaba las estúpidas justificaciones que le daban muchos lugareños. Tendrán que pagar, hay varios latifundios muy interesantes cerca de esta ciudad...Incluso venderé a sus familias si es necesario.-afirmó dirigiéndose inmediatamente en busca de Apolonia.

-Marcio-exclamó su madre cruzándose en su camino. Hace rato que te espero.

-Lo sé, y te informé que estaba atareado, ¿acaso no te lo dijeron?

-Sí, pero es urgente.

-Siempre es urgente para ti. Ahora ya estoy aquí, habla de una vez Sabes que tengo que partir mañana mismo para cobrar los impuestos de nuestro emperador.

- Quizá sea bueno que envié alguien de confianza, y nos honres más tiempo con tu presencia.

- Por favor, madre. Sé cómo debo realiza mi tarea.

-Perdona, querido. Es que te necesitamos en casa.

-¿A caso no está mi hermano Darío?

-Sabes que es un poco delicado, su salud no resiste temperaturas extremas.

-Las soportaría si dejara de beber tanto-suspiró el hombre conteniendo su enojo.

-Por favor, hijo. No me gusta que hables así de tu único hermano-rogó Apolonia fingiendo consternación.

-De acuerdo, pero estoy seguro que hay algo más que quieres decirme-asintió Marcio comenzando a perder la paciencia.

-Hijo, supe que ayer llevaste a tu habitación a la nueva esclava, y posteriormente al joven músico que compré hace dos días .No puede seguir así, toda la ciudad está al tanto de tus aberraciones.

-Debí haber matado a esos jóvenes y tirado sus cuerpos a los chanchos. Soy la autoridad de aquí y hago lo que quiero. Y eso va para ti también, madre. ¿Algo más?

-Pensé que sería bueno que te casaras con alguien de tu linaje .Podrías seguir con tus inclinaciones en secreto-sugirió la mujer casi en un susurro.

-Ahora que mencionas la palabra casamiento, me hiciste pensar. Hay varios ciudadanos ilustres que me han pedido tu mano. Creo que en cuanto regrese de mi viaje analizaré sus solicitudes. Incluso, el importante terrateniente Polonio Sixto me ha dicho que te pretende. Aprovecharé el viaje para hablar con él.

-¿Y qué haré yo en el campo? Moriré de angustia.

-Eso es cosa tuya. Por lo menos, no tendré que aguantar tus inútiles consejos. Y también acepta que lleves a tu querido Darío. Así que en vez de molestarme seria buenos que vayas preparando tu traje para la boda. Pronto volveremos a hablar del tema Con permiso –se retiró el hombre. Debo descansar.

-¡No lo lograrás, jamás me sacarás de esta casa!-musitó la mujer furiosa contemplando con odio a su hijo.

-Eso lo veremos -respondió Marcio sin detenerse.

-Maldito, pagarás por tu desprecio. Hablaré con Darío, él me ayudará a evitar esta maldita boda. Aunque sea necesario asesinarte -rugió la mujer saliendo inmediatamente en busca de su hijo más joven.

Capítulo I

Apolonia corrió como una ráfaga en busca de Darío para pedirle apoyo, sabiendo que cuando a su hijo mayor se le metía algo en la cabeza era muy difícil quitárselo.

-Si se le ha antojado que me case, no cejará en su esfuerzo hasta lograrlo. Solo puedo confiar en que Darío me ayude, siempre y cuando no esté tan borracho que ni siquiera pueda mantenerse en pie-exclamó entrando en la habitación de su hijo que dormía tirado sobre su sucio camastro.

-Madre-intentó sentarse al ver a la enojada mujer. ¿Qué sucede?

-Sal de esa cama inmunda, nuestra vida corre peligro-gritó Apolonia corriendo la cortinas de la oscura habitación.

-No comprendo de que hablas-hipó el mucho acomodándose el desprolijo cabello.

-Tu hermano quiere casarme y enviarme lejos.

-Debo reconocer que es una buena idea. Eres joven, deberías tener tu propia casa. Pero no comprendo que tiene que ver conmigo. Y mucho menos con nuestra vida.

-Tú irías conmigo, y el elegido como candidato parece ser Polonio, un campesino ignorante enriquecido a costa de sobornos. Así que prepárate para arar el campo de sol a sol, dicen que es un hombre muy miserable Y suele asesinar a todo aquel que no le sirve.

-Vaya-susurró Darío prestando más atención al escuchar la terrible noticia... ¿Y qué sugieres para evitar tal desgracia?

-Debemos pensar bien. Tú hermano se va mañana por unos cuantos días, así que seguro en ese tiempo se nos ocurrirá algo. Pero me pareció que debías estar enterado.

-Por supuesto, pero como dijiste, debemos reflexionar muy bien .No podemos fallar o nuestro destino será terrible. Ahora déjame seguir durmiendo, cuando Marcio se vaya hablaremos.

-Partirá antes que salga el sol a recorrer la provincia, y tú te levantarás temprano para despedirlo-ordenó haciendo caso omiso a las palabras del joven.

-SI yo aparezco sospechará que estamos tramando algo, suelo dormir hasta casi el medio día -río con fuerza. Ya no molestes, lo solucionaremos .Aunque pensándolo bien, si nos deshacemos de Marcio-tal como creo sugieres-, yo dirigiré esta casa. Hasta quizá el Emperador me nombre Cónsul.

-Seguro así será, hijo. Es lo que   corresponde-respondió la mujer alentando la ambición de su hijo.

-Lo pensaré –asintió volviendo a caer sobre el camastro.

-Creo que te gustó la idea- Eres tan insaciable como tonto, pero me conviene que tú quedes dirigiendo esta casa. Sé muy bien cómo manejarte - sonrió Apolonia retirándose a sus aposentos.

Marcio apoyó la copa de vino sobre la pequeña mesita que descansaba al lado de su camastro y se desnudó. En unos minutos llegaría el joven esclavo que había comprado esa tarde en el mercado para su distracción personal.

-Creo que mi madre tiene razón, debería casarme, con una mujer discreta que no le importaran mis gustos. Y de paso, aseguraría el nombre de la familia- pensaba cuando sintió la suave voz del siervo anunciándose.

-Señor, me llamaste-acotó el joven inclinándose ceremoniosamente.

-Pasa, no tengas miedo. Bañado y prolijamente vestido eres mucho más atractivo de lo que te recordaba-añadió Marcio contemplando la blanca piel del joven.

-Gracias, Amo -agregó sin levantar la mirada del suelo.

-Veremos si me haces feliz- Acércate y demuéstrame que no tiré la plata contigo- asintió tirándose sobre la cama.

-Como ordenes, Señor-acotó besando suavemente las partes íntimas de Marcio que apretó los labios al sentir que la sangre parecía hacer ebullición ante el roce del muchacho.

-Vaya, sigue niño, no te detengas-susurró ese cerrando los ojos, sintiendo que el deseo aumentaba velozmente. ¿Cómo me dijiste que te llamaba?

-No lo mencioné aún .Soy Solios.

-Bien, Solios, esmérate en complacer a tu Señor-asintió dejándose llevar por la lujuria.

Marcio se hallaba rodeado de diez de sus principales guardias listos para partir a su trabajo cuando Apolonia se acercó a despedirse.

-Hijo, vine a deserte suerte. Que los Dioses te acompañen y muy pronto puedas regresar sano y salvo a casa.

-Agradezco tu deseo-asintió. Y recuerda que debes ir pensando en tu próxima boda.

-Así será. Saludos de Darío-acotó enseguida.

-Imagino que estará durmiendo para sacarse la borrachera.

-Eres injusto, tu hermano es un filósofo, necesita sus espacios para reflexionar.

-Jjajajajajaja.Así los llaman ahora. Bien, adiós, Apolonia. Cuida la casa en mi ausencia, cuentas con la ayuda de Marius para lo que precises-agregó señalado al viejo mayordomo. Y compré un huevo esclavo, creo que se llama Solios, puedes darle la tarea que desees, pero que no sea muy pesada. Es muy delgado para actividades fuertes. "Y es muy bueno en la cama"-murmuró tan bajo que solo la mujer pudo escucharlo.

-Por supuesto, hijo-asintió intentando ocultar la vergüenza que tales palabras le habían producido.

-Hasta la vuelta-acotó espoleando su caballo mientras iniciaba la importante expedición.

-"Buen viaje, hijo. Cuando regreses arreglaremos cuentas-susurró pensativa pensando como la caravana se perdía a la distancia.

-Señora, ¿Qué hacemos con el nuevo esclavo?- la interrumpió Marius señalando al joven que estaba paradojal lado de   la puerta.

-No te preocupes. Debo reconocer que mi hijo esta vez tuvo buen gusto. Déjalo, yo me encargo, quizá pueda ser mi siervo personal-comentó la mujer sintiendo que su humor comenzaba a cambiar.

-Muy bien, Señora-asintió Marius cordialmente.

-Descansemos un rato-ordenó Marcio cuando el sol comenzó a apretar. En poco tiempo más entraremos en las zona pobladas, y si mi mente no me engaña la casa de Pablo Escaurus es la primera .Ese viejo me ha tenido a cuento durante muchos meses, pero hoy se le termina su prórroga. Sino paga, nos traeremos como esclavos a varios de sus hijos.

-Señor-murmuró uno de los soldados más jóvenes, ¿Por qué vuelan repentinamente todos los pájaros?

Marcio fue a responder cuando contempló que el muchacho caía al suelo lanzando un profundo gemido.

Ah –exclamó intentando quitarse sin lograrlo el filoso cuchillo que le había atravesado un hombro.

-Nos ataca. ¡Prepárense! –gritó Marcio desenvainando su espada.

-Son mucho más que nosotros- exclamó Tracio, su hombre de confianza, desesperado al ver como su compañeros iban cayendo. ¡Señor!-exclamó a ver Marcio totalmente desprotegido en el suelo mientras un desdentado salvaje lo tomaba del cuello.

El Cónsul cerró los ojos apretándose a morir cuando sintió un quejido, y el bárbaro cayó hacia atrás tomándose la garganta con las dos manos, intentando quitarse la fecha que lo traspasaba .A continuación, varios proyectiles cayeron sobre otros de los forajidos que emprendieron la huida rápidamente.

-Señor, ¿cómo estás? No podíamos llegar hasta a ti –explicó Tracio, uno de los únicos cuatro soldados que sobrevivieron al ataque.

- Por milagro, bien, ¿Pero quienes son estas bestias?-preguntó Marcio. No estaban la última vez que vinimos.

-Personas que odian a los romanos, ya que gracias a ellos perdieron su casa y familias. Los que quedaron con vida se agruparon en hambrientas hordas salvajes y viven de los viajeros-comentó un muchacho con un deslumbrante cabello rojizo que lo miraba fijo desde su caballo.

-¿Quién eres? ¿Dónde están tus hombres?-preguntó indicando a los soldados que bajaran sus armas.

-No hay nadie más -asintió mostrando una brillante sonrisa que deslumbró al Cónsul. Pasaba por aquí y sentí los gritos, fue tan solo casualidad.

-No creo en las causalidades, y estoy en deuda contigo. Salvaste mi vida. Soy el Cónsul Marcio Tulio, y estoy recorriendo la campiña-comentó sin dar información sobre su verdadera tarea. Jamás imaginé que este tipo de anormales existieran en mi territorio.

-Debes visitar más seguido tus tierras-asintió el muchacho. Te ayudaré a enterrar a tus hombres y los guiaré por camino seguro hasta la ruta principal. Hay terrenos arenosos más adelante, será más sencillo sepultarlos en esos lugares, ya que carecemos de instrumentos adecuados.

-¿Cómo sabremos que no es una trampa?-sugirió un desconfiado Tracio.

-¿Para qué gastaría mis flechas en salvarlos si haría que los asesinaran después? Pero haré lo que ustedes dispongan.

-Ayúdenlo- ordenó Marcio sin titubear. Su respuesta tiene lógica.

Una vez el último de los soldados fue sepultado, los hombres continuaron su marcha, hasta llegar a un punto donde aparecía un atajo que conducía hacia un amplio sendero.

-Aquí nos separamos. En unas pocas millas aparecerá la primera casa, seguramente te acogerán hasta que te repongas. Mi misión está cumplida.

-Espera-acotó Marcio. No me dijiste tu nombre, ni siquiera pediste recompensa por salvarnos la vida.

-Lo hubiera hecho por cualquiera, no preciso nada-respondió girando su caballo par a marchar.

-Estaba pensando que quizá te gustaría integrarte al ejército imperial-comentó Marcio intentando disimular el interés por el solitario combatiente.

-Sigan siempre derecho-agregó como toda respuesta. Y quizá, muy pronto volvamos a vernos-saludó atizando su caballo para perderse rápidamente en el camino de tierra.

-¿Lo perseguimos, Señor?

-Nos salvó la vida, dejémoslo libre. Estoy seguro que nos reencontraremos en algún momento. Ahora debemos continuar con nuestros planes .Estos camino no son seguros, tendremos que poner más hombres para que protejan a los viajeros. Será la primera medida en cuanto llegue a casa -susurró indicando a sus hombres que lo siguieran.

El viento vespertino soplaba con fuerza, cuando algunas millas más adelante, la primera vivienda sobresalió detrás de las montañas.

-Llegamos-exclamó Tracio .Esperemos   que esta gente se amable, no me gustaría empuñar mi espada para conseguir agua y comida.

-Cálmate, amigo. Los campesinos suelen ser muy hospitalarios, además temen a los soldados. Deja de preocuparte-comentó Marcio.

-Espero sea como dices, no puedo más de sed -asintió el soldado.

-Tampoco yo-reconoció el Cónsul. Apuremos la marcha.

La legión se detuvo en la puerta, y antes de que pudieran anunciarse, un anciano prolijamente ataviado, salió recibirlos.

-Buenas tardes, Señores. ¿En qué puedo ayudarlos?

-Soy Marcio Tulio, Cónsul de la región y vine personalmente a conversar con Pablo Escaurus   sobre el tema de los tributos que debe.

-Soy yo, Señor. Pasa a nuestra humilde morada, seguramente tendrás hambre y sed, ningún asunto se trata adecuadamente en estas condiciones.

-Está bien –asintió el cónsul. Mis hombres también están hambrientos y agotados. Fuimos atacados por el camino-advirtió.

-¡Que terrible! - Allí tenemos un galpón, pueden descansar y dar de beber a sus caballos-respondió el hombre con tristeza.

-Tracio es mi hombre de confianza, prefiero que venga conmigo.

-Como quieras, señor.

Las estrellas comenzaban a pintar el cielo cuando Marcio decidió que había llegado la ocasión de tocar el tema.

-Has sido muy hospitalario, aun sabiendo que, vine a cobrarte la deuda que mantienes con Roma dese hace varios meses. Sino pagas tendré que llevarme a algunos de tus hijos como esclavos. Conoces las leyes.

-¡Cónsul, te suplico, concédeme unos meses más, las cosechas no han sido buenas estos últimos meses!-rogó el dueño de casa tirándose a los pies del magistrado.

-Lo siento, no puede esperar. Roma reclama su dinero .Iré a dormir con mis hombres en el establo y tú podrás seleccionar a cuales de tus hijos quieres entregarme. Me llevaré tres de los siete que me dijiste tener contigo, con esos será suficiente-recordó Marcio.

-Por favor, Señor, ten piedad -sollozó el viejo.

-Haremos una cosa. En premio a tu amabilidad los llevaré como garantía, te daré tres meses de plazo y si cumples, te los devolveré .Hasta entonces, servirán en mi casa. Incluso, si me pagas en tres cuotas te cederé a un hijo cada vez que hagas una entrega

-Gracias, Señor, por tu generosidad. Elegiré con mi familia quienes irán contigo. Y puedes estar seguro que tendrás el dinero antes de lo que imaginas.

-Hasta mañana –se despidió Marcio pensando que difícilmente el viejo encontraría a la forma de pagar la grandiosa suma que debía.

Al otro día, Marcio se hallaba bebiendo agua del pozo cuando escuchó al anciano conversar con alguien cubierto por un árbol. Acercándose cautelosamente observó al caballo del recién llegado, entrecerrando los ojos para rememorar donde había visto ese caballo anteriormente.

-No puede ser, estoy alucinado –respiró agitado dirigiéndose directamente hacia el campesino.

Al divisarlo, Pablo se inclinó con respeto, y la oculta figura quedó al descubierto.

-Increíble -murmuró Marcio sin creer que delante de sus ojos estaba el joven que los había ayudado.

-Mi hijo mayor Orestes, que es quien lleva a las finanzas de la casa. El Cónsul Marcio Tulio-los presentó Pablo ignorando que estos ya se conocían. Estábamos terminando de seleccionar quienes irían contigo.

-Cónsul, un placer volver a encontrarnos. Otra vez en una triste circunstancia – saludó este con suavidad.

-No es necesario que continúen escogiendo, ya sé quién ira. Se encuentra delante de mis ojos-murmuró este contemplando por primera vez el fibroso cuerpo del joven.

-Señor, no es posible. Él es mi secretario particular.

-Entrenarás a otro. Apróntate muchacho, vas con nosotros. Ya está decidido.

-Me debes la vida, pensé que te apiadarías al verme. Por eso regresé velozmente a casa cuando escuché los rumores de lo que sucedía-susurró Orestes en forma casi inentendible.

-Pues te equivocaste. Obedece-insistió el Cónsul sin mostrar remordimiento en su resolución.

-No vales nada, y lo peor, es que yo mismo te dirigí hasta aquí-refunfuñó Orestes-

-Cuida tus palabras, soy tu Gobernador -sonrió Marcio irónicamente. Podría cortarte la lengua por tus palabras. Guardias, nos vamos.

-Inténtalo –amenazó el joven con la mirada brillante de rabia en tanto los soldados miraron a Marcio en espera de órdenes.

-Bajen las armas, de nada vale muerto-ordenó este.

-Por favor, Señor-rogó la esposa que hasta el momento se había mantenida alejada de los hombres. ¡No te lleves a mi querido Orestes!

-Levántate, mamá .No te humilles ante estos hombres –escupió el joven con desprecio.

-Escucha a tu hijo y cállate, tenemos muchos lugares que visitar todavía-comentó Marcio bostezando.

-Dirás sangrar, son como las alimañas –exclamó un pelirrojo que por su parecido con Orestes indicaba claramente que era su hermano.

-Será mejor que te calles-lo interrumpió Marcio. No será muy agradable para tu madre ir a verte pelear con los gladiadores o de remero en una galera. En ambos casos, suele ser una muerte muy cruel.

-Espera un minuto-rogó el indignado Orestes. Dame dos días para despedirme de mis afectos. Volveré antes que caiga el sol y me iré contigo, si es lo que deseas.

-De acuerdo, nadie dirá que Marcio Tulio es injusto. Pero me llevaré a tus tres hermanos más pequeños, y si en el plazo señalado no regresas, los venderé como esclavos.

-Debí dejarte morir-vociferó con asco.   Y tu padre, ¿Por qué no pagaste los tributos como acordamos?-comentó dirigiéndose a Pablo.

-Lo lamento, hubieron oros gastos, perdí el dinero-se lamentó el hombre.

- Basta de charla, debo continuar. Y si amas a tus hermanos , espero cumplas tu promesa a tiempo -agregó un satisfecho Marcio

-Aquí estaré –asintió sacudiendo su rojiza al viento alejándose rápidamente del grupo.

-"*Llegaste justo. Indudablemente, las casualidades no existen*"-se mordió los labios el Cónsul observando ligeramente a la joven que se había adelantado junto a dos llorosos niños.

-Mi hija Lulia y los gemelos irán contigo. Te ruego que los cuides.

-Soy de palabra, volveré en dos días y si tu hijo regresa, quedarán con ustedes. Caso contrario…

-Me cago en tu palabra-rugió el muchacho tan parecido a Orestes. Mi hermano te salvó la vida y mira como le pagas.

-Que los Dioses sean con ustedes-afirmó Marcio sin responderle al valeroso joven. Nos vemos pronto-reiteró saliendo a toda prisa del lugar.

-¿Crees que ese joven volverá, Señor?-preguntó Tracio con curiosidad.

-Eso espero, no me gustará vender a estos jóvenes en el mercado de eslavos. "*Peor especialmente, sería una pena no gozar de este rebelde en mi lecho*"-reflexionó imaginándose claramente la hermosa figura de Orestes.

<u>Capítulo II</u>

Marcio regresaba lentamente en busca de Orestes cuando vio como una niebla de humo brotaba desde el sitio donde estaba ubicada la casa.

-Señor, hay una humareda impresionante, quizá sea mejor esperar que pase –comentó Tracio.

-No podemos detenernos, seguramente la bestias asesinas hayan incendiado los bosques.

-Como órdenes, Marcio-asintió el soldado.

El cónsul miró a los preocupados hermanos de Orestes y añadió en voz baja:

-Tendremos que apurar, el fuego parece provenir del hogar de la familia de estos jóvenes. Por suerte los demás campesinos pagaron sus tributos y no tuvimos que traer a más nadie, hubiera sido muy pesado cargar con más gente. Da la orden de acelerar, quizá sea mejor dejar a algunos de los nuestros con estos tres muchachos e ir adelantándonos.

-Disculpa, Señor, no creo que sea seguro separarnos. Los salvaje pueden estar en donde menos pensamos -agregó Tracio.

-Tienes razón. Avisa que apuraremos la marcha.

-Señor –se acercó en ese momento Lulia . Veo fuego, temo que nuestra casa haya sido incendiada.

-Vamos inmediatamente para allí .Vuelve a tu lugar, no debes estar aquí adelante -murmuró Marcio sin dejar de mirar el humo cada vez más fuerte.

-Lo siento, Señor, no la vi-sea aproximó un soldado empujando el caballo de la muchacha.

-Está bien, apresurémonos -indicó el Cónsul agitando a su caballo en dirección al siniestro.

El sol comenzaba a caer cuando los hombres se detuvieron espantados ante la espantosa carnicería. Los cadáveres de la familia, quemados y destrozados, se extendían por el verde jardín, ahora cubierto de cenizas y sangre.

Sin previo aviso, los hermanos saltaron de sus caballos y corrieron hasta el cuerpo de su madre que yacía inerte bajo un árbol. Más atrás, el anciano Pablo parecía cubrir con su cuerpo a dos de sus hijos, y más lejos, se distinguía lo que parecían ser el resto de los otros dos.

-Rápido-ordenó Marcio descendiendo de su caballo...Traigan agua del pozo y tiremos para que el incendio no se propague -exclamó al ver que la casa ardía sin parar. Ya nada podemos hacer por esta pobre familia.

-Sí, señor-respondió Tracio haciendo un gesto a sus subordinados .Pero parece que no se extenderá, más bien se está apagando. Creo que alguien quiso dar una lección a esta gente y cuando intentaron defenderse los asesinaron.

-Quizá por habernos atendido-susurró Marcio.

-O más bien, porque uno de los suyos nos ayudó.

-¿Te refieres a Orestes?-preguntó el hombre.

Tracio fue a responder cuando dos jinetes se divisaron en la lejanía.

-Hermano-corrió llorosa la joven al ver al recién llegando   junto con otro hombre.

-¿Qué ha sucedido? ¿Porque asesinaron a nuestra familia?-rugió Orestes mirando con dureza a Marcio.

-No fueron ellos, cuando llegamos ya estaba todos muertos y la casa deshecha-confesó Lulia.

-Malditos-vociferó mirando a lo lejos .Voy a ir buscarlos y los degollaré uno por uno.

-No puedes hacer eso, te matarían inmediatamente-comentó Marcio contemplando al hombre de cabello rojo que se abrazaba a sus hermanos.

-Pues no importa, iré con mis familia al más allá.

-El romano tiene razón-habló por primera vez el acompañante de Orestes. Son muy poderosos, y tú tienes tres hermanos vivos. Debes protegerlos.

-Además tiene una promesa que cumplir. Los Dioses quisieron que yo salvara a parte de tu familia. Ahora debes venir conmigo para cumplir tu juramento.

-No puedo dejarlos tirados a su suerte, no tienen a más nadie que a mí - Y debo enterrar a mis padres y hermanos –rompió en sollozos.

-En eso te equivocas -volvió a hablar el joven a quien los hermanos nombraban como Marculio. Tus padres me criaron como un hijo más durante muchos años, sería un verdadero honor quedarme a ayudar. Llevaré a tus hermanos a mi casa hasta que arreglemos lo que queda de esto. Y luego me mudaré con ellos. Confía en mí, Orestes.

-Dejaré dos soldados para que los acompañen -asintió Marcio. Puede ser peligroso que vayan solos.

-No –afirmó el mismo hombre. Si nos ven con romanos será peor. Váyanse en paz,yo me haré cargo de todo.

-¿Estás seguro que podrás con todo?-murmuró Orestes. De cualquier forma, quiero dar sepultura a mi familia antes de partir.

-Tus hermanos ayudarán, ya son dos hombrecitos-sonrió Mercurio observando a los niños de nueve años que parecían haber madurado repentinamente. Será mejor que partas de una vez-insistió el hombre observando la duda en los ojos de su amigo.

-Soy Marcio Tulio Caius, pueden buscarme si necesitan ayuda-ofreció el Cónsul a Marculio.

-Sé quién eres -lo contempló este con ironía.. Y cuida bien a Orestes, o te buscaré hasta abajo de la tierra para destrozarte.

-¡Estas frente a un Cónsul del Imperio! -vociferó Tracio. Esta ofensa puede costarte la vida.

-Estará bien –respondió Marcio indicando su segundo que se calmara .Y nos vamos, deseo estar en casa antes que llegue la noche, aunque ahora parece improbable. ¿Orestes?

-Estoy listo-afirmó besando a sus hermanos por última vez. Confió en ti-abrazó al hombretón que devolvió con fuerza el gesto. Cuando gustes-comentó dirigiéndose al Cónsul.

-¡En marcha!-exclamó este pegando la vuelta.

Habían avanzado unas pocas millas, cuando Marcio se detuvo al lado de Orestes.

-Tu padre dijo que sabes leer y escribir, estoy precisando un secretario, creo que ese puesto estará bien para ti.

-Tú mandas, Señor.

-No eres mi esclavo, siempre has sido un hombre libre. Lamento si en algún momento te hice pensar lo contrario.

-Lo era hasta que mi padre se endeudó con el Imperio-recordó con melancolía.

-Veo que eres muy terco, ¿Quién es ese hombre que estaba contigo?-rezongó cambiando el tema.

-No era mi amante, por si quieres saber –acotó el joven con una amarga sonrisa. Sus padres murieron hace mucho y fue criado por los míos Digamos que es como otro hermano.

-Es imposible hablar contigo-rugió Marcio alejándose.

-Señor, está anocheciendo .Será conveniente descansar bajo aquellas rocas y seguir al amanecer. Tenemos   algunas provisiones y agua, si continuamos, estaríamos en desventaja, las bestias conocen muy bien el lugar. -comentó Tracio señalando la primera estrella.

-Tienes razón, y nos hará bien descansar-aceptó Marcio.

Casi enseguida, los soldados hicieron un fuego y se pusieron comer y conversar alrededor de este.

-Haremos guardia por turnos, no sabemos dónde pueden aparecer los salvajes. ¿Quieres que atemos al prisionero?-preguntó Tracio observando alimentarse a Orestes quien alejado del grupo parecía subsumido en su mundo.

-No es necesario, cumplirá su promesa.

-Como digas. Descansa, Señor. Ha sido una larga jornada. Estaremos atentos.

-Esperaré un poco más, aun no tengo sueño. Creo que el peligro me ha desvelado -acoto a su hombre de confianza.

-Señores –se acercó Orestes presintiendo que hablaban de él. Si me permiten dormiré frente al rio, debajo de aquel árbol. Pueden encadenarme si piensan que huiré. Aunque no tengo armas, sellaría mi muerte si huyera en estas condiciones.

Ve –asintió Tracio. Y trata de reponerte, mañana temprano continuaremos la marcha.

Rato después, el silencio invadió el improvisado campamento quedando en pie solo la primera ronda nocturna. Orestes, acostado sobre su espalda, admiraba el maravilloso cielo nocturno, cuando de pronto, una sombra cubrió la luz lunar. Justo cuando iba a levantarse, reconoció a la voz de Marcio que se dirigía suavemente a él.

-Tampoco puedo dormir. Todo lo sucedido me ha dejado inquieto -susurró sentándose pegado al joven.

-Es cierto, mi casa, mis padres…el rumbo que está tomando mi vida. Nada de esto hubiera ocurrido si no me hubiese cruzado con ustedes.

-¿Estás arrepentido?-añadió el hombre clavando sus profundos ojos azules sobre la cálida mirada de su acompañante.

-No puedo responder eso ahora, estoy muy confundido. Pero me siento muy mal, casi todos mis seres queridos murieron por mi culpa.

-En todo caso por la mía-respondió Marcio tomando el rostro del hombre entre sus manos. Quizá esto te ayude a borrar la confusión-lo beso lánguidamente, dejando correr sus manos por la fresca piel de Orestes.

-Escucha, Señor, yo…-lo empujó con suavidad.

-Perdóname. Desde el principio me sentí atraído por ti, fui un tonto al pensar que podías sentir lo mismo.

-En realidad puedes hacer lo que desees conmigo, soy tu siervo ahora. Solo te pido más tiempo.

-Ya te dije que sigues siendo un hombre libre, márchate si lo deseas, no volveré a molestarte. Pero hazlo ahora, antes de que me retracte -murmuró pensado que más tarde se arrepentiría de su decisión.

-¿Por qué has cambiado de opinión?

-Nunca sentí a mi corazón latir tan fuerte por nadie. Pero no me interesa tenerte contra tu voluntad. Adiós, Orestes.

-Marcio. También me gustas, lo siento. Y no iré a ninguna parte…quédate mí lado, lamento haber sido tan rudo.

El Cónsul detuvo su marcha y sintió una extraña sensación que recorría su cuerpo. Asintiendo, regresó junto al muchacho y se quitó raudamente la túnica. Orestes hizo lo mismo, y segundos después, en aquella misteriosa noche primaveral, los hombres se entregaron uno al otro, sin imaginar, el largo camino que tendrían que recorrer si querían estar juntos. Desde el cielo, un pícaro Cupido reía lánguidamente.

Aprovechando la tranquilidad reinante, Tracio caminaba por la orilla del rio deteniéndose alarmado al escuchar los débiles gemidos.

-Serán algunos de los soldados-sonrío comprensivo. Los dejaré tener su momento de amor, han pasado mucho en pocos días –asintió regresando junto a sus hombres. No falta ninguno-susurró regresando en busca del Cónsul. Quizá el prisionero lo ha herido, aunque parecían gemidos amorosos, iré a ver qué sucede-resolvió tomando su espada. Como pude ser tan ciego-pensó al ver dormir a Marcio abrazado con Orestes. .El Cónsul, quedo impactado con ese joven desde el primer momento. Y supongo que todo esto nos traerá problemas-agregó regresando a su lugar para tratar de conciliar el sueño.

Tracio estaba acariciando a su caballo cuando le Cónsul le golpeó cariñosamente un hombro.

-Buenos días, Señor -lo saludó este. ¿Dormiste bien?

-Sabes que sí. Te vi acercarte durante la noche, no te hagas el tonto-sonrió.

-Lo siento-susurró Tracio enrojeciendo. No quise husmear, tuve miedo de que el prisionero te hubiera atacado.

- No te sientas mal, cumplías con tu deber. Y me ahorraste el trabajo de decírtelo. Mira, Tracio, hemos peleado juntos muchas batallas, hemos compartido muchísimas dificultades .Eres más que un compañero, un amigo, un hermano…

-Me honras, Señor-susurró el soldado secándose la humedad de sus ojos.

-Estoy enamorado de Orestes, nunca sentí algo igual.

-Ten cuidado, Marcio, quizá solo sea un deseo pasajero y acabe con el tiempo. No te apresures, he escuchado estas palabras con anterioridad.

-Conozco el deseo, y no es lo que siento en este momento. Tengo ganas de pasar mi vida junto a ese hombre, protegerlo, poner el mundo sus pies…

-Sin duda lo amas-asintió este observando los brillante ojos del Cónsul. ¡Los Dioses nos amparen! Deberás mantenerlo en secreto, tu madre enloquecería si se entera...

-Será mi secretario particular, así podremos estar muchas horas juntos. Incluso estoy pensando casarme con una mujer discreta, que acepte y silencie mi secreto. Ya lo había decidido antes de salir.

-Estar con él no será fácil. Recuerda que Apolonia y Darío no lo aceptarán, la vida de Orestes correrá peligro si sospechan algo.

-Tengo una solución para eso, había pensado en casar a mi madre con Plinio, y que mi hermano fuera con ella. Ahora estoy más resuelto que nunca. Y en cuanto a mi futura esposa, esperaba contar con tu ayuda.

-Gracias por tu confianza, debemos pensar bien quien puede ser. Un error será terrible, amigo.

-Por eso pensé en ti, sé que también me consideras parte de tu familia y harás hasta lo imposible por ayudarme.

-No lo dudes, pero hablaste de tus sentimientos ¿Qué hay en cuanto a él? ¿Vale la pena arriesgar tanto?

-El afecto es recíproco. Le expliqué los peligros que corre y aceptó, solo desea estar conmigo. Incluso le ofrecí su libertad, y dijo que ya no podía apartarse de mí.

-De acuerdo. Nadie debe saber de esto. Y en cuanto lleguemos me pondré en campaña de buscarte una mujer discreta... Eso acallará las malas lenguas.

-Gracias, sabía que podía contar contigo. Iré a terminar de prepararme.

-Ve tranquilo -asintió este divisando a Orestes llenando su cantimplora de agua.

Sin titubear, Tracio caminó hasta el joven, que detuvo su tarea al verlo.

-Buenos días, Señor-saludó amablemente.

-Marcio te ha dado un gran honor al entregarte su corazón. ¿Crees que podrá cuidarlo con tu vida si es necesario?-comentó ese sin hacer caso a la palabras de Orestes.

-No tengas duda. Lo amo demasiado para dejar que le ocurra algo malo, y estoy dispuesto a realizar cualquier sacrificio para estar a su lado-afirmó con solemnidad. Nunca pensé enamorarme de alguien en tan corto tiempo.

-Me alegra escucharte, porque él siente lo mismo por ti. Sin duda deberán enfrentar muchos peligros en cuanto lleguemos. Si alguien sospecha lo que hay entre ustedes sus vidas no valdrían nada, especialmente la tuya

-Lo tengo claro. Seremos nosotros tres.

-Exacto. Y me alegra no ser el único que cuidará las espaldas de Marcio, ya que tiene muchos enemigos. No ha sido muy buen amo hasta ahora-asintió sintiendo que los celos que había abrigado por el amante de su amigo se esfumaban con el viento. Recurre a mí cuando precises ayuda.

-Lo tendré en cuenta –asintió Orestes. Y gracias.

-Ve a prepararte, en poco rato partimos.

-Sí, señor-asintió humildemente dejando atrás a un pensativo Tracio.

-Estaré atento, no podemos cometer ningún error-reflexionó el soldado contemplando al Cónsul acercarse sonriente para saludar a Orestes. Será verdaderamente un suplicio ocultar lo que esos hombre sienten -suspiró mientras estos conversaban animadamente.

Capítulo III

La tarde estaba en su apogeo cuando el grupo llegó a casa de Marcio. Los jinetes rápidamente desmontaron, mientras varios sirvientes corrían a saludarlos y atenderlos.

-Bienvenido, Señor –se inclinó el mayordomo .La casa no era la misma sin usted.

-Gracias, amigo-sonrió el Cónsul. También los extrañaba .Lamentablemente fuimos atacados por uno salvajes y varios compañeros quedaron por el camino. Hoy pediremos a los Dioses por ellos.

-Como ordene. General Tracio-saludó el sirviente deteniendo fugazmente su silenciosa mirada sobre Orestes que estaba parado a un costado de Marcio.

-¿Mi madre?-preguntó Marcio quitándose la capa que cubría su túnica.

-Estaba en el jardín, ya la fueron a buscar. No lo esperaba a esta hora.

-No importa .Traigan agua para sacarnos la tierra y luego iremos a comer algo. Estamos realmente agotados.

-¿El joven es un esclavo que obtuvo de algún deudor?-preguntó solapadamente el mayordomo.

No, es un hombre libre al que convencí de que viniera a trabajar conmigo. Supe que era un gran administrador y lleva muy bien las cuentas. Acércate, Orestes, te presento a Marius, uno de nuestro más antiguos empleados.

-Un gusto, Señor –se inclinó el muchacho.

-Bienvenido-respondió el siervo respetuosamente asombrado del trato que le dispensaba el recién llegado.

-Querido hijo, al fin regresas-interrumpió Apolonia corriendo hacia Marcio. Mira quien está conmigo-señaló a un adormilado Darío.

-Marcio, hermano -exclamó este fingiendo alegría. ¡Qué gusto!

 -¿Cómo has estado?-preguntó el hombre empujándolo con suavidad.

-Bien, haciendo planes para el futuro-acotó el joven.

-Me gusta escucharte, y luego hablaremos de ellos. Espero incluyan una próxima boda, ya estás en edad de contraer matrimonio. Va también para mamá, que ya cumplió su tiempo de luto .Es hora de que pienses en formar una nueva familia.

-Tú también deberías casarte, hermano-comentó Darío sardónicamente.

-Es probable, pero hablaremos luego, ahora solo necesito descansar. Ah, lo olvidaba. Les presento a Orestes Escaurus mi nuevo secretario. Será el encargado de organizar mis finanzas.

-Pensé que te gustaba llevarlas tú mismo -comentó Apolonia.

-Así es. Pero la producción va en aumento y necesito colaboración Orestes tiene mucha experiencia-acotó sonriéndole al joven para darle confianza.

-Tu hermano hubiera podido ayudarte -insistió Apolonia.

-Orestes lo hará. Y ahora entremos, como dije, debo reponerme del viaje. Por favor Marius ubica a mi secretario en la habitación que esta frente a la mía, seguramente muchos días trabajaremos hasta tarde.

-¿No irá con los demás esclavos?-cuestionó Apolonia.

-Como ya expliqué es un hombre libre, al cual me costó mucho convencer para que aceptara venir. Por favor, trátenlo con educación-reiteró Marcio haciendo uso de toda su paciencia.

-Como ordenes -asintió la mujer mirando discretamente a Darío.

-Ten cuidado-sugirió Tracio cuando quedaron solos .A tu madre no le convenció la historia del secretario.

-Es su problema. Lo mejor que puede hacer es prepararse para su boda, en cuanto me reponga iré a buscar a Polonio. Orestes, Marius te mostrará tu dormitorio .Y tú, Tracio, no olvides lo que te solicité, necesito una esposa ciega, sorda y muda.

-Me pondré en campaña –asintió el hombre.

Una vez más descansado, Marcio se vistió para visitar al hombre que amaba y recordarle que nadie podría conocer su secreto.

-¿Cómo te encuentras?-lo abrazó luego de correr la modesta madera que oficiaba de puerta para separar la habitación del corredor principal.

-Muy bien .Esta pieza es maravillosa, tiene una vista privilegiada-sonrió mirando los enormes jardines de la vivienda.

-Quise que estuvieras cómodo, sabes que puedes pedir lo que desees. Como comenté varias veces, no eres un esclavo-recalcó besando delicadamente el cuello del hombre.

-Gracias-musitó Orestes rozando con la yema de los dedos el rostro de su amado. Espero estar a la altura de tus expectativas.

-Solo ámame, eso es suficiente –acotó Marcio asombrado de sí mismo, ya que nunca en su vida se hubiera imaginado ser tan complaciente con un amante. Te mostraré el escritorio y luego mi habitación .Mas tarde arreglaremos la forma para que me visites por las noches, no quiero estar ni un minuto separado de ti.

-Recuerda que debes casarte-advirtió Orestes.

-Le concederé a mi esposa una habitación especial, y la visitaré una o dos veces por semana, lo necesario para engendrar algún hijo -asintió este molesto.

-De acuerdo, pero por favor cuídate. Tú madre y hermano no parecieron muy contentos con mi presencia.

-Tranquilo, me deshaceré de ellos lo antes posible.

La primavera llegaba su fin y todo parecía estar encaminado en casa del Cónsul, pese a la negativa de Polonio a casarse con Apolonia .Diversas actividades habían impedido también a Marcio contraer matrimonio, pese a que Tracio había seleccionado varios nombres de mujeres relevantes en la comarca.

-Esperaré un poco más, ninguna de estas es de mi agrado.

-Sabes que ninguna lo será, tú corazón tiene dueño. Y si bien al principio dudé de ese amor, debo reconocer que estuve equivocado.

-Él es mi vida-asintió Marcio tomando un trago de vino. Sueño con que llegue la noche para tenerlo en mis brazos, a veces tengo miedo de sentir tanto afecto por alguien. Sería capaz de cometer cualquier locura si Orestes me traiciona.

-Piensa más bien en protegerte. Tú madre no dudaría en contar al Emperador que uno de su más queridos funcionarios tiene como amante principal a un hombre libre. Debes ser discreto.

-No lo olvido, tienes razón. El próximo mes contraeré matrimonio con alguna de las mujeres que tú me has sugerido. Elige cualquiera de ellas, y pedirá su mano. En cuanto a Apolonia, urge encontrarle un marido y alejarla de aquí. Cada día está más insoportable.

-Me alegra que entres en razones —carcajeó Tracio más satisfecho.

La aludida paseaba como todas las tardes por el jardín cuando se cruzó con Orestes. El joven se acercó y la saludó respetuosamente ignorando la odiosa mirada que le envió la madre de su novio.

-Este muchacho ha dominado a mi hijo completamente, estoy segura que es algo más que un simple secretario, pero tengo que confirmarlo antes de actuar. Nunca vi a mi hijo tan ciego por nadie. Debo sacarlo del medio antes que sea demasiado tarde –reflexionaba la mujer sin imaginar que muy pronto tendrá la oportunidad servida en bandeja.

-Señor, quería pedirte un favor-comentó Orestes en el momento de terminar la jornada laboral.

-Lo que gustes-aceptó Marcio.

-Mi hermana se casa con Marculio, el hombre que tú conociste cuando fuiste a mi casa. Y desearía ir a la boda. Puedes venir si lo deseas, pero no creo que sea bien visto por tu familia. Volveré en dos días.

-Nunca nos hemos separado desde que viniste a casa, ¿cómo podría soportar tu ausencia?

-También te extrañaré, pero es la única hermana que me queda. Y de paso veré a los dos pequeños.

-Está bien –aceptó Marcio luego de pensar por unos minutos. Te acompañarán algunos soldados, así estarás seguro.

-Prefiero ir solo, recuerda lo que sucedió la última vez que me vieron con romanos.

-Prométeme que regresarás –suplicó Marcio sosteniéndolo entre sus brazos como si fuera a perderlo.

-¿Qué dices? Por supuesto que lo haré .¡Te amo!-exclamó besándolo con pasión sin percatarse de la presencia de Apolonia detrás de una columna cercana a la habitación.

-Lo sabía-rugió. Los Dioses quisieron que pasara por aquí justo al tiempo que este degenerando anunciara su partida. Despídete bien, hijo, porque no volverás a ver a tu amante, Y quizá, sea el momento de quitarte a también del medio, maldito Marcio -giró la mujer chocándose con la figura de Tracio.

-Señora, ¿quería hablar con su hijo?

-No, solo iba a la cocina. Parece ocupado, sabes cómo se pone cuando lo interrumpimos. Con permiso -respondió apresurando la marcha.

-Seguro los estaba espiando, debo advertir a Marcio-reflexionó acercándose a la habitación.

-Señor –exclamó una vez frente a la puerta .Soy yo.

-Pasa, Tracio -asintió el Cónsul.

-Debes tener cuidado, casualmente me encontré con tu madre en el corredor. Y la puerta estaba entreabierta.

-¿Crees que haya escuchado lo que hablamos?-preguntó preocupado

-No lo sé, pero debemos estar atentos.

- Fue una torpeza no haber controlado que esta quedara bien cerrada.

-Y yo no debí besarte –murmuró Orestes. Es que tus dudas me conmovieron.

-¿Sucede algo especial?-preguntó Tracio.

-Sí, Orestes partirá por unos días. Se casa su hermana y desea ir a la boda-comentó Marcio a su mano derecha. Siéntate que te narraremos la situación, quizá se te ocurra una forma disimulada de proteger a mi amado.

-Creo que tengo una idea-afirmó luego de escuchar a Marcio.

La noche anterior a la partida transcurría con rapidez, encontrando a los amantes entregados al profundo deseo que los aquejaba cada vez que estaban juntos.

-Tengo miedo que no regreses-susurró Marcio sobre los labios de su amado. Quizá te convenzan de que te quedes.

-Eso no sucederá, te amo, ¿o acaso lo dudas?

-No, pero ¿Qué tal si te atacan? No sé qué haría sin ti-se levantó el hombre de la cama dirigiéndose hacia la ventana.

-Te prometo que en tres días estaré de regreso-acotó Orestes pasándole los brazos por la cintura. No fallaré, nada será capaz de separarnos...

-Eso espero-suspiró Marcio arrastrando nuevamente a su amante hacia el camastro para amarse una última vez antes de su salida, sin pensar siquiera, que en ese instante, una decidida Apolonia daba directivas a varios soldados de su confianza para que siguieran y acabaran con el joven.

-Les pagaré bien, jamás olvidaré lo que han hecho por mí y por mi hijo, que ha sido embrujado por ese miserable.

-Lo que nos pides es muy peligroso, si nos descubren, Marcio nos torturará y asesinará sin contemplaciones.

-Si hacen la cosa bien no sucederá. Y tomen esto como adelanto -sonrió la mujer tirando varias monedas delante de los hombres.

-¿A qué hora sale?-preguntó finalmente el soldado que parecía ser el líder del grupo.

-Muy buena decisión... Enviaré al esclavo Solios para que obtenga toda la información. El pobre también ha sido postergado por mi hijo desde que vino ese infeliz-comentó la mujer fingiendo disgusto.

-Avísenos cuando sea el momento justo. Y prepara el dinero que falta para cuando volvamos.

-Así será. Tendrán una muy buena recompensa-"Ni se imaginan lo que les espera, quien traiciona a un amo, traiciona a todos"- pensó Apolonia retirándose

Todavía no salía el sol cuando Marcio despedía a su novio con un profundo beso.

-Recuerda, la gente de Tracio saldrá poco después que tú, así que no temas si sientes que te persiguen. .Recuerda que parecerán bestias salvajes.

-De acuerdo. Y gracias por tu preocupación -asintió besándolo nuevamente antes de subir al caballo. Saldré ya mismo, no quiero que el sol me calcine en el viaje. Hasta la vuelta.

-Adiós.Quizá debería viajar contigo-dudó Marcio.

-Ya lo hablamos Relájate, cuando menos lo pienses estaremos otra vez juntos en el lecho. Además llevaré las flechas, no olvides que yo te salvé la vida.

-Vete ya -sonrió Marcio contemplando a su amado hasta que se perdió en la lejanía.

Orestes iba a mitad de camino cuando percibió cercanas pisadas de caballos.

-No debo temer, debe ser la gente de Tracio. De cualquier forma, será la última vez que viajo solo. Ya estoy extrañando a Marcio-suspiró deteniéndose al observar al grupo de soldados que lo rodeaba.

-¿Sucede algo?-preguntó comprendiendo por la vestimenta que llevaban que no eran los hombres que debían protegerlo.

-Nada importante, solo debes morir- sonrió ferozmente uno de los sujetos levantando su espada.

Orestes fue a sacar su arco cuando el hombre que iba a asesinarlo cayó herido al suelo. Enseguida, varios hombres aparecieron de entre los arbustos desatándose inmediatamente una batalla campal.

-Corre-gritó uno de ellos antes de caer herido sobre la hierba. Son muchos más que nosotros.

-Alguien quiere matarme, y se tomó la molestia de averiguar mis próximos pasos- pensó el joven subiéndose rápidamente a su caballo, dudando si escapar o quedarse a colaborar con los guerreros.

-Vete, si mueres todo esto será inútil-escuchó un a voz a lo lejos.

Reaccionando, comenzó a huir por un puente, cuándo sintió que una objeto punzante laceraba su espalda. Sin pensar se tiró al rio que corría por debajo de la construcción y desapreció bajo el agua .Una mancha roja subió a la superficie y el jefe de los soldados sonrió.

-Está muy herido, morirá antes de llegar a la orilla. . Barrimos a todos los testigos, por lo tanto es hora de regresar a cobrar el resto el dinero para desparecer definitivamente. Sin duda, pensarán que fueron los salvajes-indicó a los soldados sobrevivientes. ¡Regresamos!-indicó sin notar al joven que los observaba desde la copa de un árbol

-Por suerte me dormí y llegué tarde, sino también estaría muerto. Esperaré que se haga la noche y regresaré para hablar con Marcio y Tracio. Deben enterarse inmediatamente lo sucedido-sollozó el soldado sin moverse del lugar.

El calor arreciaba, en el momento que el transpirado campesino buscaba un lugar tranquilo para pescar.

-Parece que hay un cuerpo – musitó corriendo corrió hasta la orilla del río. ¡Pobre infeliz, lo asesinaron! Le sacaré este hierro antes de enterrarlo -sacudió la cabeza quitándole el trozo de lanza que sobresalía de la espalda.

-¡Ay! -gimió Orestes sin abrir los ojos.

-Estás vivo, pensé que no respirabas -exclamó arrastrándolo bajo un árbol. Resiste, iré por ayuda y volveré por ti.

Orestes abrió los ojos y asintió, tratando de ignorar el fuego que parecía arder en su garganta

-Agua-gimió una vez más volviendo a desmayarse.

Poco después, el joven era trasladado en una carreta rodeado de desconocidos.

-Agua-rogó nuevamente sintiendo esta vez, como el vital líquido corría por su garganta.

-Si se salva será de milagro-comentó una de las mujeres que había acudido en ayuda de Orestes.. Está muy mal herido.

-Saldrá adelante, o ya hubiese muerto. Nadie regresa de estas aguas en esas condiciones. Seguro los Dioses tiene algún propósito especial para este joven-afirmó el campesino que lo había rescatado.

Capítulo IV

Una vez comprobó que no quedaba ningún enemigo cerca, el soldado enviado pro Tracio comenzó rápidamente   el retorno hacia su casa. Tenía largas horas por delante, ya que debía realizar la marcha a pie .Temiendo que lo descubrieran, había soltado su caballo al escuchar   un extraño murmullo que lo obligado a esconderse tras unos altos yuyos.

-Mejor, si hubiera relinchado y esos traicioneros se encontraban cerca, hoy estaría muerto-suspiró el hombre acelerando el paso. De cualquier forma, no es conveniente entrar a la vivienda antes que baje el sol, si los asesinos llegan a verme comprenderán que sé todo lo ocurrido y mi vida no valdrá nada.– suspiró el hombre escondiéndose bajo una roca al escuchar el ruido de una carreta.

El conductor conversaba animadamente con la que parecía ser su esposa en el momento en el cual el soldado, se plantó delante de ellos. Sorprendido por la intromisión del desconocido, se detuvo instantáneamente. Ya iba a retomar velozmente la marcha cuando el hombre se arrodilló delante del carro.

-Piedad, por favor-clamó juntando sus manos a la vista de los transeúntes.

-Sal del camino, vagabundo, o te mataré. Tengo mi espada aquí mismo- exclamó el conductor de la carreta bajando un brazo en busca del arma.

-Mi buen señor. Soy Lucios Padua, soldado de Marcio Tulio Caius y único sobreviviente del ataque de un grupo de soldados traidores .Le suplico que me acerquen a la casa de mi Señor para ponerlo sobre aviso de lo ocurrido.

-¿Cómo podemos estar seguros que dices la verdad y no nos matarás en cuanto subas? Más bien pareces un salvaje de los bosque –exclamó el viajero desconfiado del aspecto de Lucios.

-Te entrego el único cuchillo que tengo, perdí todo en la huida -suplicó sacudiendo su miserable ropaje para que el hombre viera que no mentía. Necesito advertir al Cónsul lo sucedido.

 -Llevémoslo. Este pobre hombre está realmente muy asustado -comentó la mujer.

-No lo sé, ¿Qué tal si más adelante aparecen sus secuaces?

-Si tiene cómplices, nos atacarán de todos modos. Pero creo que dice la verdad-insistió esta.

-Me dejaré llevar por la intuición de mi esposa, pero, estaré atento a tus movimientos. Si veo alguna actitud sospechosa…

- Señor, por favor, no miento. Soy un pobre esclavo que solo desea servir a su Señor.

-Arriba, rápido. Estos caminos son muy peligrosos -ordenó poniéndose en marcha.

-Gracias-saltó Lucios recostándose en el heno que llevaba la carreta.

-Le daré un poco de agua –susurró la mujer varias millas más adelante. Hace mucho calor.

-Ten cuidado, esto no me convence.

-Duerme profundamente, seguramente está agotado-comentó esta sentándose nuevamente al lado de su marido.

-Mejor- No veo el momento de arribar al sitio en que debe quedarse-refunfuñó este.

-¿Que sucede? - abrió Lucios los ojos asustado por las dos manos que lo sacudían.

-Hemos llegado. La casa del Cónsul Marcio queda un poco más adelante. Nosotros debemos torcer ahora nuestro camino, así que tienes que descender aquí.

-Muchas gracias-asintió el soldado restregándose los ojos. Que los Dioses los acompañen.

-Espera- descendió la esposa del campesino. Toma esta cantimplora con agua, seguramente debes tener mucha sed. Dormías profundamente cuando te quise convidar.

-Así es –respondió tomando la vasija que le ofrecían. Nunca olvidaré lo que han hecho por mí.

-Buen viaje. Y cuídate –respondió el hombre ayudando a subir a su esposa para seguir viaje.

Lucios continúo su camino y casi en seguida, tal como dijeron sus salvadores, divisó la casa del Cónsul.

-Al fin –murmuró entre suspiros. Ahora debo entrar sin que me vean y buscar a Marcio. No puedo permitir que los soldados de Apolonia me encuentren, en este estado se darán cuenta de todo. Entraré por la ventana que da al dormitorio.

Desconociendo la presencia del sobreviviente, la mujer se hallaba reunida con sus hombres, acompañada también por su hijo Darío y el esclavo Solios.

-Fue tremendo. Hasta perdimos dos compañeros. Creo que merecemos algo más de lo prometido -silabeó amenazante el jefe de los soldados.

-Creo que tiene razón, pero antes dime, Rómulo ¿estás seguro que Orestes murió?-murmuró dirigiéndose directamente al líder.

-Por supuesto -afirmó. Luego de asesinarlo lo tiramos al río.

-Perfecto-asintió Apolonia abriendo una vasija de vino fresco. Bebamos un trago por el éxito de nuestro trabajo y los que haremos juntos de ahora en adelante... Darío, por favor sírvenos

-Sí, madre –asintió el joven esbozando una extraña sonrisa.

-Por el éxito –exclamó la mujer saboreando el fresco líquido, seguida por los presentes.

Apenas habían probado los primero sorbos cuando uno de los soldados se tomó el vientre con las manos.

-Me duele el estómago gimió. ¡Es tremendo!

-A mí también –gritó otro de los guardias.

-Maldita, ¿qué nos has dado?-la increpó Rómulo comprendiendo que habían
sido envenenados.

-Lo siento, no puedo dejar cabos sueltos-carcajeó ferozmente mientras los
soldado caían al suelo presos de grandes retorcijones y vómitos de sangre.

Minutos después, el silencio volvió a invadir el galpón donde se habían
encontrado   y la mujer entrecerró los ojos.

-Darío, Solios, saben lo que deben hacer.

Los hombres asintieron y sin hacerse repetir la orden, llevaron a los fallecidos
fuera del predio, tirándolos a una profunda fosa anteriormente preparada.

-Vamos a cubrirlos antes que venga la primera ronda nocturna de soldados y
nos descubra   -murmuró Solios tomando la pala.

-Lo siento, amigo. Pero ya escuchaste, no pueden quedar testigos –exclamó
Darío luego de tirar el último soldado a la fosa sacando un cuchillo que tenía
bajo la manga. Dándose cuenta lo que le esperaba, el esclavo levantó la pala,
y golpeó el rostro de Darío con toda su fuerza, echándose a correr a toda
velocidad.

-Maldito, te atraparé y desollaré vivo-gritó Darío saliendo tras el hombre que se
perdió rápidamente entre los oscuros bosques.

-Debo buscar al amo y decirle todo lo que ha ocurrido-sollozó recostado contra
un árbol .Aunque será mi palabra contra la de Apolonia. Tengo que pensar
algo ya mismo-sollozó Solios aterrorizado por lo que estaba sucediendo.

-¿Qué son esos gritos?-vociferó la mujer saliendo al cruce de su hijo.

-El maldito me golpeó el rostro con la pala y huyó hacia el bosque, no me dio
tiempo a nada.

-¡Eres un inútil, jamás debí haber confiado en ti! Búscalo inmediatamente, si tu
hermano se entera lo que hicimos, nos asesinará a los dos.

Marcio ya estaba acostado cuando Lucios saltó por a la ventana cayendo
sorprendiendo al adormilado Cónsul.

-Señor, debes escucharme -suplicó.

-¿Quién eres tú?-gritó Marcio tomando la espada.

-Por favor, piedad. Traigo noticas de Orestes.

-¿Cómo sabes de Orestes?-preguntó este sin soltar el arma.

-Soy uno de los soldados enviados por el General Tracio. Por gracia de los
Dioses me dormí y llegué más tarde, aunque no pude hacer nada.

-No comprendo a que te refieres. Habla de una vez o te cortaré la cabeza.

-Sí, mi señor-respondió el aludido comenzando a narrar con lujo de detalles
todo lo sucedido..

-Un minuto-exclamó Marcio apenas este acabó, llamando al esclavo que
cuidaba su puerta.

-Ve a buscar al General Tracio ahora mismo. Te ordeno que no comentes a
nadie donde vas.

-Enseguida, Amo -asintió el sirviente.

Tracio se hallaba descansando en brazos de una esclava cuando el mensajero
golpeó la puerta de su barracón, el cual se encontraba ubicado unos metros de
la vivienda principal. El hombre había solicitado ese sitio con el objetivo de
controlar los alrededores, y de paso, poder entregarse libremente a sus
continuos romances.

-General-llamó el sirviente. El Cónsul Marcio lo necesita con urgencia.

-Debe haber ocurrido algo grave para que me llame a esta ahora- respondió
mojándose la cara para despabilarse antes de tomar su espada y seguir al
guardia.

-No lo sé, Señor -respondió el siervo.

-Apurémonos – ordenó preocupado.

 Segundos después, Tracio se introdujo en la habitación del dueño de casa,
deteniéndose estupefacto al ver a este junto a uno de sus soldados.

-¿Lucios?-preguntó extrañado. ¿Porque estás aquí? ¿No deberías estar con
los demás?

-¿Entonces verdaderamente es tu soldado?

-Por supuesto, lo envié para proteger a Orestes.

-Cuéntale todo a tu jefe-ordenó Marcio.

-Sí, señor-.Y espero pueda perdonarme-sollozó repitiendo lo anteriormente mencionado.

-¿Aseguras que Orestes está muerto?

-Eso parece, Señor, por lo menos cayó al río y no volvió a salir.

-No puede ser-se quebró el Cónsul .Quizá esta herido y desmayado en alguna orilla.

Lucios cruzó una mirada con su jefe y bajó la cabeza.

-Mañana buscaremos por todos lados –ordenó Marcio. Él es un guerrero, seguro sobrevivió pero ¿Quién pude haber hecho algo así?

-No lo sé. Alguna persona que haya escuchado tu conversación y le tenga el odio suficiente para hacerlo desaparecer.

-Espera un momento, tú viste a mi madre rondando por aquí cuando Orestes me comunicó su partida.

-Tienes razón, pero, ¿sería capaz de llegar a tal extremo?-cuestionó Tracio palideciendo al recordar el engorroso momento en que se cruzó con Apolonia.

-De eso y mucho más si se siente amenazada-afirmó Marcio dirigiéndose hacia el corredor. Vamos ya mismo a interrogarla.

-Es tarde, Señor, quizá está durmiendo y no estamos adelantando a los hechos - añadió Tracio.

-No me interesa, nadie descansará hasta que encuentre a Orestes. Y asciende a este valiente hombre-indicó Marcio señalando al soldado que había traído al información sobre lo acontecido.

-Como digas-asintió Tracio

Apolonia se hallaba caminando como fiera enjaulada por su solitario cuarto, mientras esperaba noticias sobre la captura del esclavo.

-Como pudo dejar escapar a ese sirviente, todo nuestro plan irá por la borda si Solios habla con mi hijo -repetía una y otra vez la mujer sin poderse convencer. ¡Quién sabe dónde se hallará!

-No debes preocuparte, estoy más cerca de lo que crees -susurró Solios sosteniéndola del cuello. Sh, no grites o te mataré .En cambio sí me entregas el suficiente dinero para que huya lejos de aquí, jamás volverás a verme.

-Suéltame y te lo daré, está en aquel cofre –señaló la mujer.

-No soy idiota, vamos, te llevo hasta allí y me lo pondrás en mis propias manos Luego te amordazaré y te dejaré encerrada en el baúl, así tendré tiempo de escapar.

-No te saldrás con la tuya-gimió la mujer.

-Parece que quieres morir-susurró Solios manteniendo el cuchillo en la garganta de la mujer mientras ella juntaba las monedas .Si gritas, te abro al medio.

Marcio entró sin llamar al cuarto de su madre y observó al concentrado esclavo que la tenía apretada con una mano, y recibía monedas en una especie de bolsa que sostenía con la otra. Indicando a sus acompañantes que no hicieran ruido, se acercó al distraído hombre, y con su filosa espada le abrió la espalda... Fue un breve chillido y el esclavo cayó al suelo en un charco de sangre.

-¡AMO! Nunca sabrás la verdad sobre Orestes-exclamó al ver a su verdugo - Ella fue…alcanzó a decir antes de cerrar los ojos.

-Resiste, ¿Qué quieres decir?-sacudió Marcio al joven casi sin vida.

-Déjalo, ha muerto. No pierdas el tiempo con él -indico Tracio con tristeza.

-Seguro enloqueció, no comprendo porque quiso matarme-lloraba Apolonia a los gritos.

-Algo quería decirme, y estoy seguro que se refería a ti, madre. Espero que no estés involucrada con la desaparición de Orestes o pagarás con tu vida. No tendré piedad.

-¿Qué tonterías dices? Ni siquiera sabía que tu esclavo había desaparecido -rezongó la mujer.

-Madre –entró Darío palideciendo al ver la terrible escena.

-Hijo, este esclavo perdió el juicio y quiso matarme. Todavía tu hermano me acusa de la desaparición de su secretario-acotó mordazmente.

-Siempre supe que eras cruel Marcio, pero jamás imaginé tanto. ¡Acusar a nuestra madre!-exclamó Darío abrazándola protectoramente.

-Más vale que ninguno de los dos esté relacionado con la desaparición de Orestes, o tendrán la más dolorosa de las muertes.

-¿Se puede saber porque te importa tanto?-ironizó Apolonia. Darío puede ocupar su lugar, y es de tu familia.

-No me desafíes, sabes de los que soy capaz cuando me enfurezco

-General Tracio, suerte que te encuentro. Cónsul –saludó otro agitado soldado entrando en ese segundo. Estaba realizando la recorrida de media noche y encontré una fosa recién hecha con varios soldados apilados-exclamó el hombre desesperado.

-Llévame ya mismo -exclamó Tracio. Con tu permiso, Marcio.

-Voy con ustedes, necesito saber quiénes eran esos hombres, y averiguar el motivo de su muerte .Aunque imagino que deben ser los hombres que atacaron a Orestes. Busquen a Lucios para que los identifique-indicó Marcio al soldado que había hallado a los cuerpos.

-Enseguida, Señor-respondió.

-Aquí estoy, Señor. Vine lo antes que pude- susurró el joven inclinándose ante Marcio y su General.

-El Cónsul desea que contemples a estos fallecidos a ver si reconoces alguno-comentó Tracio señalando la fosa.

-Son los tipos que atacaron a Orestes. Los recuerdo perfectamente -sollozó el aludido.

-¿Estás bien seguro?-insistió Tracio.

-Por supuesto. Jamás olvidaría sus repugnantes rostros.

 -Muchas gracias por tu fidelidad. Como te dije, recibirás un importante nombramiento-comentó Marcio. Ahora, querido Tracio, ya tenemos o a los supuestos homicidas, solo nos falta ubicar a los instigadores del hecho. Estoy seguro, que alguien el envío con esa misión -silabeó Marcio mirando dubitativamente a su madre y hermano.

-¿Quién era este andrajoso al cual escuchaste con tanto respeto?-comentó Apolonia

-Un soldado sobreviviente del ataque. Gracias a él, sabemos lo que ocurrió. Vamos, Tracio, mañana temprano iniciaremos la búsqueda.

-Estaremos listo –asintió Tracio. Pero ahora si me permites reuniré a todos los soldados para enseñarle personalmente cual es el fin de los traidores.

-Procede-afirmó Marcio. Y tú, madre, parece que has tenido suerte. No hay ni un testigo que pueda acusarte- comentó con dureza.

-Yo no tuve nada que ver-insistió la mujer.

-Por suerte para ti no hay pruebas, pero todavía no me queda claro porque este esclavo quiso atacarte. Buenas noches-se despidió mirando fijamente a su tembloroso hermano.

-Todo acabó y de la mejor manera. Orestes murió, y no hay nadie que pueda acusarnos . Y tu trata de mantener cerrada la boca, no me gustaría que una alimaña te comiera la lengua, o que te picara un escorpión-silabeó la mujer indicando a su hijo que se retirara.

-Te juro que ni una palabra saldrá de mi boca, pero, ¿realmente habrá muerto el maldito Orestes? Si este soldado logró escapar y el cuerpo del secretario jamás fue encontrado….tengo miedo, mamá, si lo encuentran será nuestro fin.

-No llores como una niña-exclamó abofeteando a su hijo .Es un rio muy tormentoso, si ese estúpido cayó herido, seguro se ahogó-respondió la mujer rezando para no equivocarse otra vez.

El caos reinó durante toda la noche en casa del Cónsul Caio. Marcio interrogó a todos los soldados una y otra vez, quienes coincidían en no saber nada de lo que había ocurrido. El amanecer los encontró despiertos, y el Cónsul junto con Tracio, acompañados de un contingente de diez hombres, partieron hacia el sitio donde había sido sorprendido el joven.

-Cayó en ese río-indicó el sobreviviente. Y no lo volvimos a ver.

-Sigamos buscando .Por lo menos tiene que aparecer el cuerpo-ordenó Marcio intentando ocultar su disgusto.

-Como ordenes –exclamó Tracio sin querer desmotivar a su jefe. "Debe haber sido alimento de peces y alimañas"-pensó con tristeza.

-Señor, encontramos esto enganchado en una rama –comentó un soldado acercando un tozo de tela manchada de sangre.

-¡Era de Orestes!-sollozó Marcio tomándola entre sus manos. Alguna bestia salvaje se lo ha comido. Esto no quedará así, buscaré al culpable y lo asesinaré, no descansaré hasta lograrlo-gritó Marcio con odio levantando la prenda hacia el cielo. Regresemos, no hay más nada que hacer.

-Mama, regresaron, y escuche que encontraron indicios de la muerte de Orestes exclamó un sonriente Darío

-¡Lo sabía! -aplaudió la mujer aprontándose para darle el pésame a su hijo.

Una semana después, Apolonia había tomado la dirección de la casa, sin que su hijo moviera un dedo por detenerla.

-Debes pararla-suplicaba Tracio una y otra vez. Está destruyendo todo lo que tú has construido, su despotismo no tiene límites.

-No tengo fuerza –susurraba Marcio abrazado a la tela de su amado .La vida perdió sentido para mí.

El General fue a responder cuando distinguió a un humilde carro con varias personas adentro, detenido frente la puerta de la casa. Estaban preguntándose quienes serían los inesperados visitantes cuando observó descender a un joven parecido a Orestes.

-No puede ser. Los Dioses están contigo, Marcio-acotó estupefacto. Mira.

-Déjame, ¿Cómo puede decir eso?-tartamudeó pensando que su amigo había enloquecido.

-Asómate y comprenderás lo que quiero decir-insistió Tracio.

La brillante mirada de su amigo logró despertar su curiosidad y saliendo del camastro extendió su mirada hacia afuera.

-¿Orestes?-¡Orestes! -exclamó corriendo hasta llegar al lado de su amante. ¡Dime que no estoy soñando!

-Intentaron matarme, pero este buen hombre me rescató- explicó el demacrado hombre señalando al campesino parado junto a la carreta.

-Te debo mi vida. Entra, recibirás una buena recompensa-acotó Marcio sin soltar al recién llegado como si tuviese miedo que se evaporase en el aire

-Señor, ni mi familia ni yo pretendemos nada -se inclinó humildemente el hombre indicando a su esposa e hijos que se inclinaron ante el Cónsul con respeto.

-Pues lo recibirás de igual modo, te lo mereces-insistió   besando a su querido Orestes delante de todos.-No volverás a ir solo para ningún lado.

 -Estoy de acuerdo-sonrió este fijando sus ojos en la furiosa mirada de Apolonia que observaba la escena parada en la puerta.

-No puede ser verdad, esa inmundicia tiene varias vidas. Todo el trabajo y los nervios pasados fueron en vano. Tendré que pensar otro plan –murmuró la mujer caminando hacia ellos sin dejar de sonreír.

<u>Capítulo V</u>

Marcio ignoró la mirada de los presentes y tomó del brazo a su amante llevándolo hasta su habitación.

- Te quedarás en mi cuarto hasta que mejores-advirtió con voz segura.

-Señor, es demasiado peligroso-susurró Orestes con voz bien baja para que nadie lo escuchara

-El Emperador Augusto tiene un protegido con el cual comparte varía horas del día .Todo el mundo lo sabe-insistió el Cónsul.

-Pero es el Emperador, el Rey del mundo. Tú tienes una carrera que seguir, y una vida que cuidar.

-Ya no protestes y obedece. Los Dioses te devolvieron a mí y debe ser por alguna buena razón. Nada sucede porque sí.

-Orestes-se acercó Tracio luego de despedir a los campesinos .Un gusto verte, nuestro Cónsul no era el mismo sin ti. Creo que debemos cuidarte con más atención si queremos mantenerlo contento.

-General. Gracias por sus palabras-saludó este agradecido.

-Cuídense-sugirió Tracio retirándose inmediatamente.

-Ordenaré a mis dos esclavas de más confianza para que te atiendan-comentó golpeando sus manos para llamarlas.

-Marcio, te estás tomando demasiadas molestias. Nuestro romance ya debe haber trascendido estas cuatro paredes, nadie atiende de esta forma a un sirviente, por más que lo aprecie.

-Deja de preocuparte, parece que te olvidas quien soy.

-Por eso mismo, lo tengo bien claro-añadió Orestes comprendiendo que nada delo que dijera haría cambiar de opinión al hombre.

-¿Llamaste, Señor?-preguntó una de las mujeres humildemente.

- Preparen el agua para que Orestes tenga un refrescante baño. Y luego lo acompañan nuevamente hasta la cama, no debe moverse en todo el día de aquí. Serán vendidas sin miramientos si le sucede algo.

-Como digas, amo -asintió la esclava que se había mantenido en silencio.

- Ahora que has regresado aprovecharé a reunirme con Tracio. Desde que te perdí, he tenido los asuntos de gobierno muy abandonados, ya es hora de recuperar el control de la casa y los alrededores. Parece que los grupos de bandidos siguen asolando la provincia, quizá debamos realizar una breve recorrida para tranquilizarlos.

-Hazlo, por favor. Cuando recobré la conciencia, no podía dejar de pensar en mi promesa, te dije que volvería pronto y desaparecí sin dejar rastros.

-Fui advertido de lo ocurrido. Pero en cuanto vuelva por aquí conversaremos del tema, todavía no hemos logrado hallar los verdaderos culpables, aunque tengo mis sospechas.

-Hasta luego -respondió Orestes dejándose desvestir por las dos mujeres.

-Recuerden: nadie debe entrar en mi habitación mientras Orestes descansa -ordenó Marcio a los esclavos que estaban en la puerta.

-Quedes tranquilo, Señor. Estaremos atentos.

Orestes se hallaba durmiendo entre las reparadoras aguas, cuando escuchó la chillona voz de Apolonia nombrándolo.

-Señora-se acercó un esclavo. Nadie puede acercarse al joven .Orden del Cónsul.

-Mi hijo me advirtió que no entrara a su habitación, pero está afuera ahora. Más bien, se encuentra sumergido en mi bañera.

-Déjala -se despabiló Orestes Parece que tiene cosas importantes que decir.

-Vaya, como está el antiguo esclavo-susurró la burlona mujer.

-Nunca fui esclavo, y por si no sabes, tienes vivo a tu hijo gracias a mí. Le salvé de un terrible ataque cuando nos conocimos.

-Eres un pobre desgraciado, prostituto barato-agregó la mujer con odio

-¿Qué deseas, Apolonia? Habla y déjame tranquilo –sugirió este sin inmutarse.

-Pedirte que reflexiones. Mi hijo es un Cónsul y necesita una esposa que le dé hijos. Estoy segura que si despareces, lo comprenderá, y tú quedarás en el olvido. Te ofrezco dinero y una buena posición lejos de aquí si lo dejas libre.

-Pierdes el tiempo. Amo a Marcio y no iré a ninguna parte. Además, ¿a qué posición te refieres? Seguro en el cementerio, ya intentaste matarme al igual que lo hiciste con tus cómplices, solo que tuve más suerte. Eres cruel, capaz de llegar a cualquier extremo para no perder el nivel que ostentas.

-No tiene pruebas-afirmó la mujer.

-Es verdad. Pero estaré pendiente de todos tus movimientos, y si te veo en algo extraño puedes estar segura que hablaré con Marcio.

-Algún día pagarás por tus infames palabras.

-Al fin y al cabo te estoy haciendo un bien, ¿qué ocurría a cuando Marcio se case y tu nuera descubra la clase de persona que eres? ¿Crees que te mantendrán en esta casa?

-Eres una víbora –rugió esta. Jamás debí hablar contigo.

-Cuídate, Apolonia. Tú hijo sospecha de ti, trata de no realizar ningún movimiento en falso.

-¡Salgan de mi camino, estúpidos!-exclamó la mujer a los esclavos que se asomaron al escuchar el cariz de la conversación.

-"Le diré a Marcio que debe protegerse, su madre buscará la forma de sacarlo del medio"-acotó Orestes indicando a los sirvientes que lo ayudaran a salir del agua.

El Cónsul llegó a su casa y tras una rápida cena se dirigió a su dormitorio donde Orestes parecía dormir profundamente.

-Ya no recordaba lo elegante que quedas con tu traje de soldado. Pero veo que te han herido-sugirió preocupado observándolo con los ojos entreabiertos.

-Pequeños rasguños de un legionario. Por suerte, acabamos con la mayoría de los salvajes .El emperador estará feliz-suspiró tirándose al lado de su amante que girándose hacia su lado, rozó los rasguños con la yema de su dedo índice.

-Estuvo tu madre para advertirme que soy un estorbo en tu vida. Y he estado pensado si no tendrá razón. Cuando nos conocimos, soñabas con llegar al Senado, tenías grandes planes.

-Y los sigo teniendo, pero contigo a mi lado. Sabes que algún día me casaré, pero eso no tendrá ninguna importancia. Nuestro amor es más fuerte que cualquier atadura terrestre. Somos dos almas destinadas a encontrarse en este mundo, y nada evitará que estemos juntos.

-Te amo, Marcio Tulio-musitó Orestes emocionado por las cálidas palabras.

-También te amo, y si no he estuvieras tan delicado te lo demostraría en este mismo instante.

-Mejoraré más rápido con tus caricias, ¿o acaso no ves como la pasión arde en mi piel al sentir tu voz?-respondió Orestes dejando descubierto su desnudo cuerpo.

-Tú deseos son órdenes para mí-respondió acomodándose sobre el cuerpo de su amante dejándose llevar por la vorágine de lujuria que comenzaba a invadirlo.

Orestes mejoró rápidamente y la vida retomó la normalidad en la villa de Marcio. Los hombres se encontraban cada noche, y si bien el supuesto secretario había retornado a su habitación, era bien sabido que se trasladaba al cuarto de su amante en cuanto los habitantes de la casa iban a dormir.

-Señor, debes ser cauteloso, las habladurías van en aumento, la historia del Cónsul con su bellísimo amante se está convirtiendo en una leyenda-comentó Tracio en una reunión con el Cónsul.

-Tonterías. Se callarán con las próximas guerras. He escuchado que varias ciudades van a levantarse contra el Emperador y requería de todos sus hombres. No tardaremos en ser convocados. Entonces, el amor que compartimos con Orestes será olvidado.

-¿Qué harás con él? Sabes que tu amante corre peligro junto a Apolonia, quizá si tomaras una esposa, la refrenaría, así como a las habladurías.

-Me casaré cuando regrese de la batalla. Además, nada puede detener la maldad que hay en el corazón de mi madre.

-Eso es verdad, pero, ¿cómo piensas solucionar la escabrosa situación?

-Pensaba llevar a Orestes conmigo, en definitiva, él es mi secretario particular .A nadie debería extrañarle que viaje con su Señor.

-Es una locura, te estas exponiendo demasiado-advirtió Tracio.

-Deja de molestar .Y dime, ¿cuándo te casarás? He escuchado que visitas a una bella dama de un pueblo cercano.

-Nada importante -respondió Tracio enrojeciendo. Y contraeré matrimonio al mismo tiempo que tú. Ni un día antes.

-Jjajajaj.Me has atrapado-acotó Marcio carcajeando con fuerza. Iremos juntos al altar-añadió distendiéndose por primera vez en el transcurso de la mañana.

Una semana más tarde, el mensajero del Emperador llegaba anunciando que debían partir lo antes posible para Roma.

-Dejaremos los soldados suficientes para proteger la casa, y nos iremos con el resto-anunció Marcio. Iré a decir a Orestes que prepare nuestro equipaje.

-¿Entonces finalmente irá contigo?-preguntó Tracio.

-Por supuesto. Y se quedará en mi habitación, convenceré a Augusto que es mi hombre de confianza. Seguro, lo aceptará sin poner objeciones.

-Admiro tu optimismo -titubeó el General observando a su jefe mirando concentradamente por la ventana.

-*Es tan hermoso* -sonrió al distinguir a su amado mojándose las manos y el rostro en una turbulenta corriente de agua cercana a la casa.

Despidiéndose de Tracio con un gesto, se encaminó hacia Orestes para anunciarle todo lo que acontecería. Sobresaltado, este pegó un breve grito al sentir las manos del Cónsul sobre su desnuda espalda, y lo abrazó radiante al comprobar quien era. Enceguecido por la pasión, Marcio lo arrastro atrás de unas altas piedras, y Tracio corrió la cortina al comprender lo que sucedería.

-Pace que ese joven lo tiene embrujado –comentó Lucios que había contemplado toda la escena junto al General.

-No repitas ese disparate o te azotaré –ordenó Tracio. Nuestro Cónsul se ha enamorado como un loco. Espero este amor no traiga graves consecuencias. Pero cuanto menos se extienda esta historia será mejor para todos, no lo olvides.

-Puedes estar tranquilo, Señor-agregó el soldado recobrando la compostura.

-No creo que sea buena idea que viaje contigo, el Emperador nos descubrirá y puede mandar asesinarnos -advirtió Orestes esa noche luego de hacer al amor.

-Ya te lo dije. Todos saben que Augusto es amante de los jóvenes bonitos, ¿Cómo podría júzgame?

-¿Qué tal si se encapricha conmigo? ¡No podríamos hacer nada!

-Vaya, te has vuelto jactancioso, hermoso-bromeó Marcio lanzando un bostezo.

-No seas tonto, comprendes bien a lo que me refiero.

-Yo te protegeré, puedes estar seguro. ¿O acaso hay algún otro motivo por el cual deseas quedarte?-silabeó apretando el brazo de su amante.

-Quiero pensar que he interpretado mal tus palabras-comentó Orestes soltándose. Iré a mi habitación a descansar, nos esperan días difíciles.

-Perdóname, el amor que siento por ti me ciega y hace decir disparates. No te vayas, la noche recién comienza.

-Pero no vuelvas a realizar esos comentarios, tu desconfianza lastima mi corazón.

-Te lo prometo-susurró el Cónsul. Ahora vuelve al lecho, nunca puedo obtener suficiente de ti.

-De acuerdo, pero no olvide tus promesa-asintió Orestes recostándose nuevamente en su lugar. Segundos después, presos de los arrebatos amorosos, la breve discusión había quedado en el olvido.

-Hijo- se acercó Apolonia al otro día. Supe que te llamó el Emperador y me gustará celebrarte una fiesta de despedida. Servirá también, para limar los malos entendidos que últimamente han surgido entre nosotros.

 -De acuerdo-asintió Marcio .Al fin y al cabo, quedarás a cargo de la casa en cuanto yo parta. Darío irá conmigo, así que deberás resolver todos los asuntos hogareños. Aprovecha, porque en cuanto venga tomaré una esposa.

-No te defraudaré-asintió la mujer humildemente.

-Eso espero, no tendrás otra oportunidad-la encaró Marcio con dureza.

-Perro maldito, ¡te arrepentirás de tratarme de esa forma! Tú y esa basura con la que duermes-silabeó golpeando una mesa con su puño.

-¿Realmente confías en ella?-susurró Orestes arreglando a Marcio una de las túnicas que este solía ponerse para las fiestas.

-Parece estar arrepentida, de cualquier manera los soldados estarán atentos. ¿En serio no deseas venir?

-Aprovecharé a descansar, en breve partiremos a la capital y será un largo viaje.

- Pasaré a saludarte en cuanto la famosa fiesta termine. Sabes que no puedo dormir sin darte aunque se un beso.

-Y yo te estaré esperando-aceptó el joven.

Orestes se dirigió a su habitación e intento conciliar el sueño sin lograrlo. Tras varias horas de dar vueltas en la cama, salió a caminar por los amplios jardines, bañándose bajo la luz de la clara luna.

-Seguramente estoy nervioso por el viaje a Roma, pero debo confiar en Marcio. Jamás tomaría una decisión que pueda perjudicarnos. Iré a pedir agua, la ansiedad me ha dados sed -exclamó observando la iluminada cocina. Estaba por entrar al lugar, cuando le pareció escuchar a dos personas murmurando.

-¿Quiénes pueden ser a esta hora? Es cierto que está la fiesta – recordó deteniéndose tras un muro para que no lo vieran. Iba a continuar su camino, cuando un suave gemido llamó su atención.

-No quiero hacer esto, el amo ha sido bueno conmigo-murmuraba uno de los cocineros de la casa.

-No nos queda otra posibilidad, de cualquier forma el Cónsul se ira en pocos días y la Señora será la dueña absoluta de todo, debemos complacerla o nos matará sin piedad. –sollozó una voz femenina.

-Está bien. Repíteme todo otra vez-asintió el hombre sabiendo que no le quedaba otra opción.

- Las copas doradas son las que tiene el veneno. Esa debes dársela a Marcio y su hombres de confianza. Llévalas ahora mismo.

-Pero nos acusarán de las muertes -insistió el hombre.

-Diremos que no sabemos nada, nosotros solo servimos el vino. Apolonia nos protegerá. Ella será la Señora en cuanto su hijo desaparezca.

-Espero tengas razón –asintió el sirviente marchándose.

-Sabía que esa bruja no descansaría hasta dañar a su hijo, sin duda, los Dioses me guiaron hasta aquí. Debo apurarme antes que Marcio beba ese maldito líquido-pensó Orestes dirigiéndose inmediatamente al salón donde se celebraba la reunión.

 El Cónsul se hallaba con la copa en la mano cuando Orestes entró apresurado al recinto.

-Pensé que no vendrías -sonrió este al divisarlo.

-No tomen, el líquido esta envenenado-afirmó alertando a las presentes que atónitos, casi tiraron sus copas en la mesa.

-¿Qué dice este loco?-grito Apolonia haciendo caer sutilmente la copa de su hijo al suelo para borrar la prueba del delito.

-¿Porque hiciste eso, madre?

-De los nervios, Orestes me asustó-agregó sin ver al perro callejero que lamía el suelo. ¡Ya no sabe qué hacer con tal de acusarme!-asintió haciendo un gesto al sirviente para que se llevara el resto de las copas doradas.

No había terminado de hablar, cuando el pobre can comenzó a gemir e instantáneamente cayó inerte sobre las frías baldosas.

-Tracio, dale a mi madre para que prueba de tu copa-ordenó Marcio al comprender lo que estaba ocurriendo.

-Ya he bebido demasiado, ¿le crees a este hombre antes que a tu madre?- desafió Apolonia.

-Lo castigaré con dureza luego de que tú bebas de la copa de Tracio. Por favor, estamos esperando.

-Prostituto inmundo, tuviste que mezclarte otra vez. ¡Esta vez no podía haber errores! –gimió la mujer dirigiendo su odiosa mirada a Orestes.

-Tú-señaló Marcio al cocinero que había quedado mudo ante los inesperados acontecimientos. Bebe.

-Señor, piedad-sea arrodilló el hombre. Ella nos ordenó envenenar las copas doradas, dijo que si no obedecíamos nos mataría en cuanto usted se marchara.

-Soldados, detengan a todo el personal de cocina y llévenlo a las celdas. Pagarán con su vida este intento de homicidio. Y a mi madre con ellos- agregó.

-Señor, tu hermano salió al galope con algunos soldados. No los vimos hasta que estaban lejos-avisó un soldado.

-Sin duda estaba mezclado en tu asunto. Más tarde lo buscaremos, él no es nadie sin ti, madre-agregó Marcio encarando con asco a la mujer. Seguramente, fuiste la promotora del asesinato de Orestes y los soldados que encontramos muertos en la fosa.

-Antes que la cárcel, prefiero la muerte-exclamó tomándose el líquido de la copa de Tracio sin titubear. Segundos, después, la mujer lanzó un grito, y cayó al suelo para no volver a levantarse.

-Está muerta-la revisó un guardia exhaustivamente.

-Llama al médico, debemos estar seguros-ordenó Marcio al soldado.

-Inmediatamente –respondió corriendo en busca del facultativo.

-Otra vez me salvaste. Sin duda, los Dioses te enviaron para que me protejas, mi deuda hacia ti es interminable-susurró Marcio dirigiéndose a un lívido Orestes.

-Me alegra haber servido nuevamente, Señor-bajó este humildemente la cabeza pensando si Marcio no tendría razón respecto a su destino.

-La fiesta terminó. Marius, en mi ausencia quedas como amo absoluto de la casa. Y tú Tracio, selecciona a los hombres que quedarán acompañándolo y quien será su jefe en nuestra ausencia. Eres responsable de ellos.

-Perfectamente, Marcio-asintió Tracio.

-Disculpe, Señor. ¿Qué haremos con los detenidos, y el cuerpo de tú madre?-preguntó uno de los guardias.

-Los presos serán vendidos en el mercado de esclavos. Y el cadáver de Apolonia entiérrenlo en cualquier sitio. Es una asesina, no merece estar junto a mi pobre padre. Vamos, Orestes-ordenó sin que nadie hiciera ningún comentario. Tenemos que preparar el equipaje.

-¿No escucharon al Cónsul? Pónganse en movimiento-exclamó Tracio al ver que nadie se movía de su lugar.

-Enseguida, Señor-respondió un soldado solicitado a otros que lo ayudaran a sacar del sitio a la difunta.

-"Todavía queda Darío, y una víbora herida es doblemente peligrosa. No deberías descuidarte, querido Marcio. Seguro, buscará aliados para suplir la ausencia de tu madre"-reflexionó Tracio siguiendo a sus soldados.

Capítulo VI

Apenas se anunciaba el amanecer cuando los soldados se formaron para partir hacia el Palacio Imperial. Marcio deseaba llegar al sitio lo antes posible, con la idea de que sus soldados tuvieran un buen descanso antes de ir a batalla.

-Señores, el momento de la partida ha llegado - exclamó a los casi ochenta hombres que lo acompañarían.

-No sé porque el Emperador tiene tanta necesidad de enrolarnos, somos muy pocos en relación a las legiones imperiales-comentó a Tracio acomodando su caballo al lado del animal de Marcio.

-Parece que es una lucha cruenta, soldados desertores, esclavos y campesinos hambrientos han unido su furia salvaje contra el Imperio. Desea aniquilarlos antes que aumenten.. Todo buen soldado es imprescindible -acotó Marcio- sin hacer más comentarios.

-En marcha-gritó Tracio alejándose del Cónsul para recorrer sus tropas. ¡Roma nos llama!

-Siiii-gritaron los soldados al unísono levantados sus armas al cielo.

El Palacio Imperial lucia en toda su gloria cuando el ejército de Marcio entró a la ciudad, saludando con orgullo a las personas que se hallaban reunidas en la puerta de la ciudad para darles la bienvenida.

Luego de acompañar a sus hombres hasta el sitio donde acamparían, Marcio partió junto con Orestes para reunirse con el Emperador.

-Soy Marcio Tulio Caio-saludó a uno de los guardias que conversaban en la entrada. El emperador me espera.

-Sabemos quién eres-respondió el soldado. Ya mismo llamaré a nuestro Comandante para que te brinde la bienvenida como corresponde. Mientras buscaré a un esclavo que te lleve a tus aposentos-indicó el hombre .No tienes muy buen aspecto para visitar directamente al exquisito Augusto.

-Te agradezco, me vendrá bien lavarme antes de verlo. Traje a mi secretario particular, quizá podríamos estar en la misma habitación -comentó Marcio con indiferencia.

-Lo tendré en cuenta- señaló el hombre marchándose.

-No queda más que esperar-suspiró Marcio mirando discretamente a Orestes.

-Marcio Tulio. Me alegra verte, ya nos conocimos la última vez que estuviste Soy el General Cornelius Livio.

-Te recuerdo, y agradezco tu cordial bienvenida -asintió Marcio.

-Augusto indicó que vendrías acompañado, y me pidió que te eligiera una de las habitaciones más grandes .Un sirviente te guiará hasta el sitio y luego irás al encuentro de nuestro Emperador.

-El soldado que me recibió se está ocupando de eso- aclaró Marcio.

-Perfecto. Entonces, con tu permiso, iré a recibir a los demás ejércitos. Más tarde tenderemos oportunidad de conversar.

-Totalmente de acuerdo. Y otra vez gracias.

-Estoy a las órdenes-acotó analizando por primera vez a Orestes

- Una pregunta más ¿Cómo sabía el Emperador que vendría con mi secretario?-preguntó a Cornelius disponiéndose a seguir al esclavo que acababa de llegar.

-En breve tendrás la oportunidad de preguntárselo a él mismo. Hasta luego – se disculpó el soldado retirándose.

-Si gustas, Señor, te llevaré a tu dormitorio -acotó el sirviente inmediatamente.

-Claro. Indícame el camino-asintió.

-Este será tu dormitorio. Augusto desea que se encuentre cómodo en su estadía, en un rincón contra la ventana tienes agua y frutas para reponerte del viaje. El camastro más pequeño es para tu sirviente -añadió refiriéndose a Orestes. En cuanto te encuentres listo te llevaré en presencia del Emperador.

-No demoraré –afirmó Marcio comenzando a cambiarse de ropa.

-Jamás pensé que existiera algo igual - susurró Orestes recorriendo la cómoda estancia.

-Recuerda que estás en el Palacio Imperial-recordó Marcio deleitándose al contemplar el brillo en los ojos del joven.

-Por suerte pusieron dos camas, de la forma que me han tratado, pensé que debía dormir en el suelo –comentó este sentándose sobre el lecho más humilde.

-No exageres. Ahora debo a rendirle mis respetos a Augusto, así que deberás esperarme, no es bueno que vaya con mi sirviente a saludar al Emperador.

-Por supuesto, ve tranquilo-asintió Orestes.

- Mientras trata de descansar. Hemos recorrido muchas millas en poco tiempo, y el clima ha estado muy pesado. Regresaré en cuanto pueda.

-Estaré bien –lo besó Orestes discretamente en la mejilla por si había alguien espiando.

-Cuando gustes - afirmó Marcio al sirviente que lo esperaba afuera.

-Por aquí –indicó dispuesto.

Luego de transitar varios laberintos, el eslavo se detuvo ante una ornamentada puerta.

-Avísenle a Augusto que el Cónsul Marcio Tulio ha llegado a rendirle honores -comentó dirigiéndose a uno de los guardias que cuidaban al Emperador.

-De inmediato-asintió el hombre entrando al resguardado recinto. El Emperador ordena que pasos-comunicó el guardia casi inmediatamente.

-Señor, Rey de Reyes-saludó Marcio inclinándose al divisar al Emperador entrando desde el balcón.

-Querido Marcio, acércate y deja esos alabos para los extraños. ¡Eres el hijo de mi amigo Claudio! –exclamó sonriente.

-Tu distinción me honra-murmuró el Cónsul.

-Al igual que tu visita ¿Cuánto haces que hace que no vienes por aquí?

-Más de un año. Como sabes tuvimos varios problemas en las fronteras, y no podía alejarme de ellas-se disculpó el hombre.

-Estoy al tanto de todo, he escuchado sobre tu excelente gestión. Eso te acerca cada vez más al Senado que tanto añoras, y que prometí conceder a tu pobre padre. Lamentablemente falleció poco tiempo antes de asumir.

-Te agradezco, pero la provincia me ha cautivado. Prefiero seguir en mis actuales actividades.

-Vaya, no lo esperaba, pero dejemos eso para luego. Hay varios asuntos que debemos tratar antes y tenemos poco tiempo ya que hoy daré una fiesta para recibir a mis ejércitos.

-Eres muy amable, Señor.

-Ven y siéntate. Debes saber que tu hermano llegó hace unos días y se puso a mi disposición.

-No sabía que Darío sería partícipe de esta misión –asintió Marcio con curiosidad.

-En realidad, vino a hablar conmigo. Y me hicieron comentarios pocos felices que me cuesta creer.

-¿A qué te refieres?-preguntó Marcio fingiendo desconocer el tema.

-Confesó que la verdadera razón de su llegada era que venía huyendo de ti, ya que habías envenado a tu madre, y pensabas deshacerte de él en cuanto tuvieras oportunidad-confesó el Emperador con seriedad.

-No es verdad, mi madre intentó matarme, y él parecía implicado en el asunto. Escapó antes de aclarar el tema sin decir hacia donde iba.

-Seguro fue todo una equivocación, que sería importante arreglaran en la reunión No sería bueno que estuviera juntos en batalla habiendo una enemistad entre ustedes. En cuanto a tu madre, siempre fue muy instigadora. Le advertí a Claudio que no se casara con ella y no me hizo caso. Quien sabe qué clase de vida llevó junto esa arpía.

-Mi padre veía por los ojos de esa mujer-asintió Marcio.

-Así es, amigo. Cupido hizo un excelente trabajo por allí.

-¿Darío ira conmigo, Señor?-preguntó Marcio deseoso de dejar el tema.

-Estará tu cargo, saldrán en cuarenta y ocho horas para el norte. Hay unos rebeldes que debemos derrocar rápidamente, no quiero que el terror de tiempos pasados paralice a mis ciudadanos.

-Como órdenes, Emperador. Aunque preferiría que Darío fuera con otra persona, temo no estemos cómodos juntos.

-Tonterías. Hoy conversarán y se arreglará todo. Y no diré nada más al respecto.

-Bien, Señor-aceptó Marcio.

-Hay algo más. Tu hermano mencionó a un sirviente tan hermoso que el mismo Apolo sentiría envidia por su belleza, seguramente al que trajiste contigo. Y me confió que temía por ti, ya que estabas tan enceguecido por él que incluso habías descuidado tus tareas por atenderlo.

-No te puedo mentir. Orestes es mi secretario, y ocasional amante, además arriesgó su vida por salvarme en una terrible batalla, pero jamás descuidaría mis deberes por atenderlo .Tu mismo acabas de mencionar lo satisfecho que has quedado con mi trabajo.

-Es verdad, dejémonos de habladurías .Solo te pido discreción, quizá una esposa sería bueno para encubrir estos "pequeños deslices"-confesó el hombre guiñando un ojo. Llévalo a la fiesta, estoy desando conocer a ese hombre del cual he escuchado tantas maravillas.

-Así lo haré, Señor. Y gracias por recibirme con tanta prontitud.

- Vete a descansar. Ya envié agua y comida a tus soldados.

Una vez solo el emperador chasqueó los dedos y Darío salió de atrás de una espesa cortina.

-Ya habrás escuchado la conversación. Me pregunto a quién debería hacer caso.

-Señor, por favor, viste que llegué desesperado en busca de protección.

-Así es. Pero él niega haber asesinado a tu madre, y mucho menos tener intenciones de acabar contigo. Por otro lado ni siquiera, tiene pretensiones políticas.

-Marcio es un embustero, ¡te lo juro, Señor! Su ambicioso amante lo domina y le ha hecho perder la razón

- Veremos que sucede. De cualquier forma hoy comenzarán una nueva etapa con tu hermano, ya que como te dije lucharán juntos. Quiero que arreglen sus diferencias antes de partir.

-Pero prometiste que yo quedaría en palacio.

-Cambié de idea. Y ahora vete, estoy agotado de tantos chismes, necesito pensar a solas. Guardias, Darío Caius se retira. Y que venga el General Cornelius.

-Que termines bien el día, Señor –se retiró el hombre sin hacer más comentarios.

-¿Me llamaste, Augusto? Acabo de cruzarme con Darío Caius y parecía muy molesto- comentó Cornelius entrando al recinto imperial.

- Exactamente, quería encomendarte un trabajo especial para esta próxima expedición. Los hermanos Caio están molestando bastante, y por el bien del Imperio, será mejor que desaparezcan.

 -Comprendo a que te refieres-asintió el caudillo.

-Como recompensa, tú quedarías ocupando el cargo de Cónsul provincial que ostenta Marcio en la actualidad, antesala de tu ingreso al Senado.

-Honrado por tu distinción.

-Antes de partir ajustaremos detalles. Hora márchate, no vemos en la fiesta.

-Con permiso-de retiró el soldado.

Marcio llego a la reunión seguido de Orestes, y casi enseguida, divisó a su hermano conversando en un rincón. Sigilosamente, llegó a su lado, apretándole un hombro con la mano derecha.

-De todos los lugares imaginados, el Palacio Imperial era en el que menos esperaba encontrarte.

-Yo también soy un Caius hermano, no comprendo tu sorpresa-respondió este con frialdad.

-Simplemente porque ere su cobarde asesino-susurró Marcio logrando dispersar al grupo con la furia de su mirada.

-Marcio, por favor-lo detuvo Orestes.

-Vaya, me parecía raro no haber visto a tu prostituto, él sabe cómo manejarte bien.

-En cuanto tenga oportunidad te mataré y liberaré al mundo de una escoria como tú-lo sacudió Marcio.

-¿Es una amenaza, inmundicia?-titubeó dirigiendo un mano hacia su espada.

El Cónsul fue a responder, cuando una potente voz interrumpió el diálogo.

-Buena noches a las dos-saludó Augusto mezclándose entre los hermanos .Me alegro de verlos juntos, seguramente planificando nuestra próxima expedición -comentó mirando fijo a los dos hombres, antes de sonreír a Orestes. Y tú, debes ser el secretario de Marcio, realmente, muchos más bello en persona de que había escuchado. Y según creo, muy inteligente también .Aprovecharé tus servicios mientras tus señor lucha por nuestro imperio- sugirió audazmente.

-Pensaba llevarlo conmigo, Señor-susurró Marcio.

-De ninguna manera, sería terrible que esas bestias lo secuestren, o algo peor. .A mi lado estará seguro, cuidaré de Orestes mientras tú estás lejos-sin ocultar su admiración por el joven.

-Señor, yo no estoy acostumbrado a la vida imperial-suplicó Orestes.

-Pues aprenderás, no es difícil acostumbrase al lujo. Marcharás con tu Señor cuando regrese de batalla, si es que no decide quedarse con nosotros—sonrió amenazante. Con permiso, debo continuar saludando a mis invitados.

 -Parece que Augusto te quiere sacar el dulce –.Cuídalo-acotó Darío marchando detrás de Augusto.

Cerca de medianoche, Marcio retornó a la habitación junto con su amante y se tiró disgustado sobre el lecho.

-Al fin y al cabo todos tenía razón, nunca debiste haber venido. Ahora, Augusto se ha encaprichado contigo y no sé cómo terminará esto. ¡Me comporté como un idiota!

-Quizá sean solo palabras, él debe tener a sus pies los jóvenes que desea. Yo solo soy uno más en el montón. .

 -Realmente desconoces tu valor. De cualquier forma, ahora solo nos queda disfrutar juntos estas horas que tenemos antes de mi partida. Ven aquí, y ámame para guardar suficiente de ti hasta que regrese.

Seducido por estas palabras, Orestes sonrió, y besó a su amante con placer y amor mezclados. Sintiendo que la pasión invadía su sangre, Marcio se extendió sobre el cuerpo de su amante y comenzó a recorrer la pálida piel con sus labios.

Los rayos lunares entraban por la ventana brillando en el cabello de los hombres que yacían uno al lado el otro. Incapaz de conciliar el sueño, Marcio caminó hacia la ventana ocultándose tras una persiana al distinguir a su hermano conversando con un soldado.

-¿Qué tiene que hablar Darío a estas horas con ese legionario?-reflexionó asombrado. Sin duda deberé tener cuidado, no puede ser nada bueno.

Como sospechando su presencia, los hombres se separaron dirigiéndose cada uno para el lado contrario. Pensativo, Marcio retornó al lecho., y abrazando con fuerza a su amante cerró los ojos, volviendo a abrirlos incentivado por el brillo solar. Orestes, apretujado contra él, continuaba dormido.

-Pobre amor, te traje al matadero. No veo forma de escapar a los caprichos de Augusto. Tal vez deberíamos huir y perdernos en los bosques.

-Ni lo pienses, nos cazarían con animales, y luego nos asesinarían –bostezó Orestes.

-Parece que hable en voz alta y te desperté-comentó Marcio apenado.

-No te preocupes, ya era hora de que volviera el mundo real... Otra ronda de amor no vendría nada mal antes de levantarnos -entrecerró Orestes los ojos mientras comenzaba a besar los hombros de su amante, que cayó vencido nuevamente ante las embestidas del deseo.

-Ya habrá tiempo de enfrentar los problemas –balbuceó dejándose guiar por la caricias de su compañero.

-Saldremos adelante, ya lo verás. Ahora déjame amarte –susurró disfrutando los dulces gemidos de Marcio.

<u>Capítulo VII</u>

El día de la partida llegó. Orestes besó por última vez a su amante secándose los ojos para que este no viera caer sus lágrimas.

-Volveré pronto, y todo esto será una pesadilla. Incluso dejaré mi carrera, mi posición si eso dificulta nuestra vida juntos. No hay nada que desee más que estar siempre junto a ti.

-Marcha en paz y regresa mis brazos sano y salvo. Eso es todo lo que cuenta ahora.

-Te lo prometo-asintió Marcio sintiendo gritar su nombre entre los soldados que se acercaban.

Orestes admiró una vez más la gallardía de su amante, quien luego de enviarle un último saludo, se acomodó al casco y se dirigió, junto con otros jefes a despedirse del Emperador. Poco después, las legiones se iban convirtiendo en una arrolladora nube de polvo.

Orestes trataba de mitigar el dolor de la separación visitando los jardines del Palacio cuando sintió que un sirviente lo llamaba.

-El Emperador Augusto te requiere a su presencia-afirmó deteniéndose a su lado.

-"*Aquí comenzamos*"-suspiró Orestes fatigosamente. ¿Conoces el motivo?

-Yo solo soy un simple esclavo que tiene gran aprecio a su lengua. Jamás preguntaría algo que no es de mi incumbencia - respondió sarcásticamente el hombre.

-Bien, no nos demoremos entonces.

El siervo asintió y sin hace comentarios lo llevó a la habitación en la cual lo esperaba su amo.

-Con permiso, Señor. Aquí traje al hombre que me ordenaste -indicó el siervo.

-Perfecto. Puedes continuar con tus tareas-señaló este con indiferencia dirigiéndose inmediatamente a Orestes. Querido, lamento no haber podido considerarte con anterioridad, pero asuntos del Imperio han requerido mi atención.

-Mi señor, jamás pretendería eso. No soy más que un humilde sirviente a tu disposición.

-Te equivocas, eres un afecto muy importante para mi querido Marcio. Y prometí cuidarte hasta tu regreso, aunque tengo oídos de que no lo precisas. Parece que has demostrado tu valentía en varias oportunidades, además de ser un gran administrador.-sonrió rodeando al joven.

-Gracias, Señor-respondió este preguntándose como Augusto sabía tanto su vida.

-Me gustaría que durante tu estancia aquí me ayudes con el cuidado de las tropas, en todo lo relacionado con vestimenta, alimentación .Sin duda, serías una ayuda muy importante para los sirvientes especializados en el tema. He enviado un ejército muy numeroso a la lucha, y temo los suministros no sean suficientes.

-Como te mencioné, estoy a tu servicio- recalcó arrepintiéndose enseguida de sus torpes palabras.

-¿En serio?-sonrió Augusto acariciando con un suave toque el cuello de Orestes que cerró los ojos para no demostrar su repulsión. Ven a mi cuarto esta noche y demuéstramelo.

-Señor, ¿para qué necesitas un simple campesino a tu lado? Nada podría aportar a tu sabiduría.

-No te menosprecies, eres maravilloso. Y tu humildad solo acrecienta mi deseo por ti.

-No creo poder satisfacerte. Prometí al Cónsul Marcio respeto a su honor. Y siempre cumplo mi palabra.

-Nadie lo sabrá .Y por cierto la batalla es muy cruenta. Habrá varias pérdidas en nuestras filas. No me gustaría que Marcio fuera una de ellas.

-¿Es una advertencia?-titubeó Orestes.

-De ningún modo, tómalo como un simple comentario.

-Dime que hora prefieres que vaya a tu habitación -respondió Orestes.

-Me gusta que seas razonable. Te enviaré a buscar.

-Estaré esperando-asintió pensando que tal como había prometido a Tracio, defendería la vida de su amante a costa de la suya si fuera necesario.

Esa noche, yacía perfectamente ataviado y perfumado cuando el sirviente personal de Augusto llegó a buscarlo.

-No nos demoremos, el Emperador ama la puntualidad, especialmente de sus amantes-exclamó el agitado esclavo.

-*Habló en plural o sea que será algo pasajero*-suspiró Orestes siguiendo al mensajero.

-Hemos llegado, adelante, Augusto te espera.-comentó el sirviente haciendo entrar al joven para machar inmediatamente.

Orestes caminó unos pasos y admiró en silencio la exquisita habitación. Un amplio lecho, cubierto por unas mantas finamente bordadas ocupaba una gran parte del lugar. Completando la magia del encuentro, un aroma dulzón flotaba en ene la ambiente, llegando incluso hasta el balcón.

-Todo esto sería maravilloso, si estuviera con la persona adecuada-reflexionó con tristeza mientras esperaba la llegada del Emperador.

En eso, una puerta se abrió de golpe, y Augusto apareció mostrando una enorme sonrisa.

-Querido mío, siento haberme demorado. Imagino que no es necesario que te haga notar lo hermoso que estás, esa túnica dorada haciendo juego con tus ojos te hace parecer un héroe caído del Olimpo.

-Tu afecto hacia mí te hace ver demasiadas virtudes. La vestimenta que elegiste es demasiado costosa para este humilde siervo.

-Nada es demasiado para un querido amigo.Oh, lo siento, había prometido no asustarte e hice exactamente lo contrario. Acércate, querido, tomemos algo-sacudió la cabeza alcanzándole una copa de vino

-No acostumbro a beber –respondió Orestes.

-Es un momento especial, por favor, no me desprecies-insistió el Emperador.

Deseoso por no contraria a Augusto, Orestes levantó el fresco líquido y lo bebió de un sorbo.

-Lo tomaste demasiado rápido, seguro no lo has disfrutado-sonrió el Emperador tomando la copa de la mano de su invitado.

-Me siento mareado –susurró sosteniéndose de una columna para evitar caer.

-Quizá sea demasiado fuerte para alguien que nunca bebe. Déjame llevarte al lecho-sonrió el Emperador.

Orestes obedeció, sintiendo que su voluntad era cada vez más débil.

-Ahora déjame quitarte la ropa, estarás más cómodo desvestido-comentó Augusto ardiendo por el deseo que se insinuaba en su cuerpo. Esto hará más sencillo nuestro primer encuentro.

-"Ahora comprendo –admitió Orestes cerrando los ojos. Me ha drogado. Y siento una sensación extraña que recorre mi sangre.

-Bien, bien, déjate llevar -musitaba Augusto al mismo tiempo que el joven sentía que sus idea comenzaban a mezclarse.

"Marcio"-fue el último nombre que recordó el joven antes de cerrar los ojos.

-Señor, por favor, abre-zamarreó un esclavo la puerta.

-¿Quién se atreve a molestarme?-vociferó Augusto levantándose velozmente de la cama.

-Soy, Julio Tengo que hablar contigo con urgencia.

-Pasa. Y más vale que de verdad sea importante-rugió acomodándose la ropa.

-Señor- se inclinó un soldado entrando velozmente. Perdona, pero traigo información del General Cornelius.

-¿A esta hora? Realmente debe ser algo grave-asintió.

-Me envío para que te comunicara que la situación es más compleja de lo esperado, pero en pocos días más el triunfo será nuestro.

-Magnificas noticias-sonrió observando a Orestes que parecía dormitar.

-¿Pudo cumplir la misión especial que le encomendé?

-Justamente dice que todavía no tuvo oportunidad. El Cónsul Marcio se encuentra permanentemente rodeado de gente y no ha podido acercarse para cumplir tu pedido. Pero te traerá el cadáver de los dos hermanos cuando regrese.

-No hagas comentarios sobre esto-indicó señalando hacia la cama. Nadie debe enterarse.

-Además Cornelius me rogó que te entregara esta carta para explicarte lo sucedido, e insistió en que necesitaba una respuesta urgente-

-Espérame en mi despacho de trabajo. Deberé posponer el momento de placer –acotó sacudiendo a Orestes que no había abierto los ojos.

-Lo siento, Señor –asintió este luego de unos minutos. ¡Me quedé dormido!

-El efecto del vino. Haré que te acompañen hasta tu habitación, tengo una situación urgente que resolver. Deberemos postergar nuestra cita por un par de noches.

-De acuerdo -respondió Orestes intentando pararse. No sé qué sucede, me tiemblan las piernas.

-No te preocupes, un esclavo vendrá a buscarte. Yo debo marchar de inmediato –comunicó Augusto pensando que Orestes no había escuchado nada de la conversación sostenida con el soldado.

-"Debo salir para el norte lo antes posible. Marcio tiene que ser advertido de que el Emperador planifica su muerte. Y también la de Darío, aunque eso no es mi problema"-pensaba el joven lavándose el rostro para despejarse.

Una vez completamente reestablecido, se dirigió al establo, y buscó a su caballo, que tras un suave relincho de reconocimiento quedó en silencio.

-Prepárate, amigo, tenemos que realizar un rápido viaje-murmuró agradeciendo que el único esclavo que cuidaba el sitio estuviera completamente dormido.

El amanecer se anunciaba cuando Orestes llegó al campamento de Marcio. Golpeando suavemente a su caballo para que regresara al Palacio, comenzó a recorrer el lugar .De pronto, parado delante de una carpa, su corazón comenzó a latir de gozo al distinguir la figura de su amado.

-Allí está, debo tener cuidado que no me vean o el chisme de mi llegada correrá como reguero de pólvora. Trataré de entrar por la parte trasera de la carpa -musitó arrastrándose por unos matorrales hasta encontrar una pequeña apertura en la tienda de Marcio.

Asegurándose que no hubiera nadie, entró al sitio, y se escondió detrás de un camastro. No tuvo que esperar mucho para que el Cónsul Marcio entrara al recinto.

-Marcio-murmuró saliendo de su escondite al ver que este se disponía a dormitar un rato.

- Orestes, pero, ¿Qué haces aquí? ¡No puedo creerlo!-tartamudeo el incrédulo hombre.

-Tu vida corre peligro, el Emperador quiere que mueras.

-Estás confundido, nuestra separación te afectó.

-No, Cornelius va asesinarte, y también a Darío .Escuche al mismo Augusto hablando con un mensajero –insistió narrando todo lo que había acontecido.

-Víbora traidora-vociferó Marcio apretando los puños. Pero no lo logrará, regresaré victorioso al Palacio y tendrá que cumplir su promesa de dejarme marchar. Es importante que tú vuelvas inmediatamente, si Augusto no te encuentra en la mañana tú vida correrá peligro. Y yo estaré lejos para ayudarte.

-Solo retornaré cuando tú lo hagas, ya no quiero estar más Emperador con ese loco. Si no hubieran llegado del campamento, hoy ya hubiera sido suyo.

-Maldito degenerado, De acuerdo, pero no podrás salir de mi tienda. Ya casi hemos acabado con los rebeldes, o, o sea que si en verdad Cornelius quiere asesinarme no puede demorar. .Estaremos esperándolo .Concédeme un minuto-murmuró asomándose por la apertura principal de la carpa. Tracio, ¿puedes venir?

-Por supuesto -respondió dejando al grupo de soldados con los cuales conversaba.

-Pasa, y no digas una palabra –murmuró señalando a Orestes.

-¿Por qué está aquí? -preguntó asombrado.

-Repítele todo, querido, sabes que Tracio es nuestro amigo.

-Como digas-asintió Orestes.

El esclavo encargado de cuidar los establos observó pastar al caballo de Oeste y se dirigió velozmente hacia él.

-No puedo creer que se encuentre aquí afuera, creo que no lo aseguré como debía. Ven conmigo, bello, me matarán si te sucede algo. Justamente eres la joya del nuevo protegido de Augusto-murmuró llevándolo nuevamente hacia el cobertizo, sin sospechar lo que había ocurrido mientras dormía.

-¡Antón!¿Por qué has sacado ese caballo tan temprano?-preguntó una mujer que pasaba por allí.

-Me pareció que estaba enfermo-respondió el siervo rápidamente secándose la traspiración.

-Cuídalo bien, ese es el animal de Orestes, sabes que nuestro Emperador está muy interesado en ese joven.

-Sí, ya está mejor. Lo llevaré a su lugar-añadió el hombre sin notar la extraña mirada que le enviaba la intrusa.

-Más te vale que se encuentre bien o tu vida no valdrá nada -afirmó esta siguiendo su camino.

-Lo sé, Mirna. No preciso tus consejos –refunfuñó el hombre empujando el caballo hacia el cobertizo.

-Solo te avisaba, no es necesario que te pongas en ese estado-reclamó la mujer.

-¡Métete en tus cosas!-exclamó el sirviente cerrando el establo de un portazo.

- Antón está muy muy extraño hoy. Estaré atenta por si ha ocurrido algo que el Emperador deba saber-pensó decidida a vigilar al sirviente.

Capítulo VIII

El soldado contempló los alrededores esperando con paciencia a que el sitio quedara completamente vacío para cumplir con su tarea. Debía entrar a la carpa de Marcio, y aniquilarlo. Darío le había pagado muy bien por el encargo, y esa suma le permitiría dejar el ejército y comprar la granja que tanto había soñado.

-Una vez acabe con el Cónsul pasaré a cobrar y partiré inmediatamente, estoy harto de las guerras-meditaba el hombre mientras esperaba el momento propicio. Ahora es el momento, ni siquiera están los guardias-exclamó asegurándose de que no hubiese nadie oculto por algún lugar. Una vez seguro, entró sigilosamente a la tienda, y dirigiéndose hacia el camastro en el cual dormía el Cónsul, sacó su daga dispuesto a clavarlo sobre el inmóvil cuerpo.

-Discúlpame, no es nada personal –susurró levantando su brazo y clavando el cuchillo sobre el bulto que estaba bajo las mantas... Pero... alcanzó a susurrar antes de entender que había sido engañado.

-¿Me buscabas?-preguntó Marcio saliendo de la oscuridad.

-Yo...-comenzó a retorcer el lívido hombre. Señor, piedad, solo obedezco órdenes-musitó el hombre cayendo de rodillas sobe la tupida alfombra.

-Lo entiendo, y seré comprensivo sí me dices quien te envió-sugirió saliendo desde las sombras.

-Me matará si hablo-tembló el soldado.

-¿Y qué crees que sucederá si no lo haces?-comentó Marcio impaciente mientras Tracio, apreciando detrás del hombre, le ponía un cuchillo contra el cuello.

-Fue Darío, el me pagó porque te asesinara-escupió rápidamente al sentir el amenazante metal.

-Vaya, ¿qué triste puede ser la ambición, verdad Tracio?

-Ya lo creo, conduce a las personas a realizar cosas inesperadas, y por cierto muy arriesgadas...

-Perdóname la vida y haré lo que me pidas, seré tu fiel aliado-suplicó el soldado.

-Dime una buen razón por la cual debería creerte –vociferó Marcio sobre el rostro del asustado hombre.

-Porque siempre te he apreciado, y necesitaba el dinero. Pero puedes estar seguro de que aprendí la lección.

-No me convence tu justificación –respondió haciendo un gesto a su compañero. Buen viaje.

-Por favor –alcanzó a suplicar el hombre antes que Tracio abriera su cuello.

-Debemos envolverlo en una manta para que no manche el suelo o nos descubrirán. Esto debe quedar resuelto antes que salga el sol, nadie podrá culparnos de nada si no dejamos rastros. –comentó Marcio con frialdad. Ocúpate así hago una rápida visita a mi querido hermano.

-Como digas -asintió Tracio. Orestes, ayúdame- rogó al joven que se encontraba ubicado en la parte posterior de la carpa hasta que se le llamara.

-Enseguida-asintió sin titubear.

-Vuelvo pronto, y con suerte, nos liberaremos del otro traidor-anunció Marcio marchando hacia la carpa de su hermano.

Darío se hallaba pensativo esperando los resultados de su encomienda cuando sintió un extraño ruido fuera de la tienda.

-Debo tranquilizarme, muy pronto todo habrá terminado.No hay nadie, solo son las hojas y pequeños animales que recorren el lugar- murmuró asomando la cabeza hacia el campamento.

-Buenas noches hermano-lo saludó Marcio apenas el hombre entró.

-Tú ¿Qué haces aquí?-preguntó este palideciendo como la luna.

-Vine a saludarte. Pero parece que hubieras visto un cadáver-se acercó Marcio sonriendo.

-.Fue la sorpresa. ¿Vienes por algo especial?-preguntó intentando mostrar indiferencia.

-Un hombre quiso asesinarme mientras dormía y dijo que tú lo enviabas. Solo vine a preguntarte personalmente si estás informado de esto. Por supuesto, yo no le creí.

-Hiciste bien, jamás te haría eso. Eres mi hermano, mi propia sangre. Seguramente alguien que me odia y quiere inculparme.

-Eso imaginé. Bien, me voy. Cuídate-comentó dándole la espalda.

Estaba caminando hacia la salida cuando sintió el pesado cuerpo de Darío tirarse sobre él.

-Pobre hermano, te has convertido en un estorbo para mis planes-gritó Darío intentando clavarle un puñal.

-Imaginé que me atacarías de espalda, así que estoy preparado –sonrió este tirándolo de un golpe al suelo. Lo siento, hermano, fue legítima defensa. -sonrió Marcio clavándole su daga en el vientre.

-Tú…me has engañado-rugió en un último estertor cerrando los ojos para no volver abrirlos.

-Te lo buscaste, era mi vida o la tuya-afirmó limpiando su cuchillo con la túnica de Darío. Ahora queda esperar que Tracio cumpla con la última parte del plan y todo habrá terminado, al igual que está maldita batalla. Ya está decido, no volveré a pelear, aunque tenga que huir con Orestes al fin del mundo.

-Marcio-escuchó casi enseguida la temblorosa voz de Cornelius. ¿Qué ha sucedido?

-Darío Intentó asesinarme por la espalda luego que el hombre enviado para tal tarea falló. Vine a conversar sobre el tema, y apenas me di vuelta para salir, se tiró encima de mí con su cuchillo.

-Hace tiempo actuaba extraño, y traía chismes sobre ti. Creo que realmente te odiaba.

-Eso parece, y me da mucha pena. Yo siempre lo amé. ¿Y tú que haces por aquí?

-Tracio me narró lo sucedido y tuvo miedo que pasara una desgracia, y lamentablemente, no estaba equivocado.

-¿Me ayudas con el cadáver? Quisiera enterrarlo antes del amanecer.

-Sí, y no te preocupes, yo explicaré al Emperador lo sucedido.

-Gracias, no esperaba menos de ti-asintió tomado una sábana para envolver al cadáver, sin notar que Cornelius se preparaba para atacarlo.

-Quédate quieto, no lo hagas más difícil. Augusto me pidió que no retornaras parece que le estás causando demasiadas molestias. Por supuesto, tu cargo y casa serán míos, ya que no tienes herederos -sonrió apretando el cuello del hombre quien comenzó a forcejear desesperado.

Marcio comprendió que se estaba ahogando y luchó con todas su fuerzas tratando de soltarse. Sabía que Cornelius estaba esperando su oportunidad para atacarlo, pero no imaginó que procediera como la rata de su hermano.

-*¿Cómo pude ser tan crédulo?*-se preguntó sintiendo que todo comenzaba a nublarse. Orestes, no puedo abandonarlo -recordó intentando inútilmente de recobrar bríos.

Con ese pensamiento, trató de estirarse para tomar su arma, pero comprendió que estaba demasiado lejos. De pronto, sintió que el brazo que lo sostenía comenzaba a aflojarse y una bocanada de aire entró a sus pulmones.

-Muere, basura – escuchó Marcio una conocida voz, mientras casi desmayado, caía al suelo.

-Orestes. …Gracias-atinó a decir antes de cerrar los ojos, pegándole una fugaz mirada al joven que todavía sostenía la espada ensangrentada en su mano.

La luces del amanecer entran por un orifico de la tienda cuando Marcio abrió los ojos.

-¿Lo sucedido ha sido real o una pesadilla?

-Lamentablemente, fue verdad. Pero ya estás libre de tus enemigos. Han desaparecido junto con sus espadas, no sabemos que ocurrió con ellos. Varios soldados los vieron conversar la noche anterior, así que probablemente huyeron juntos. Ni quiera están sus caballos-afirmó Tracio como si creyera su propia historia.

-No viviré lo suficiente para agradecértelo, a los dos-asintió Marcio.

- La presencia de Orestes fue providencial, su valor te salvó la vida. Otra vez.

-¿Dónde está ahora?-preguntó Marcio.

-Fue hasta el río a buscar agua. No te preocupes, nadie cuestionó su presencia en el campamento. Están deseosos de terminar con esta lucha y regresar a casa.

-Actuaremos de sorpresa y ya mismo terminaremos con todo- acotó tratando de levantarse.

-Cuidado –lo sostuvo Tracio al ver que el hombre caía nuevamente en el lecho.

-Esperaremos que me reponga y partiremos Pero tú iras en primera línea, yo no estoy en condiciones .Cornelius ya no está, diremos que yo estoy demasiado dolorido para dirigir adecuadamente a los soldados. Es hora de que ocupes el lugar que te corresponde.

-Pero tú eres el verdadero líder de la batalla, él que nos ha hecho ganar una y otra vez desde que llegamos.

-Es mi última pelea, estoy cansado. Te daré las indicaciones, pero tú conducirás en mi lugar. Los demás jefes deben aprender a respetarte.

-Mucha gracias, pero ¿Qué dirá el Emperador?

-Llevaremos el triunfo, tu nombramiento y mi libertad serán la única recompensa que pediré. Estoy decidido a no volver a luchar.

-Marcio-exclamó Orestes apoyando la vasija de agua que había ido a buscar en el suelo. ¡Al fin abres los ojos!

-Querido mío-acoto abrazándolo. ¡Eres maravilloso! Estoy deseando llegar a casa para demostrarte cuanto te amo y brindarte la posición que te corresponde, como mi guardia personal.

-El mejor lugar es tu corazón. Con eso es suficiente.

-Ese fue tuyo, desde el momento en que te vi por primera vez-susurró besándolo, sin prestar atención a Marcio que se marchaba para su tienda.

-¿Cómo puede ser que Orestes no se encuentre por ningún lado? Hace dos días estuvo conmigo. ¿Están sus cosas, su caballo?

-Todo en su lugar, señor. Nada indica que haya huido-respondió un siervo.

-Búsquenlo, seguramente salió a reconocer el lugar y lo secuestraron los mercaderes de esclavo. "O lo asesinaron"-pensó el hombre frunciendo el entrecejo. "Por suerte Marcio no regresará para reclamarlo"

-Señor-exclamó un guardia .Esta esclava quiere hacerte un comentario sobre la desaparición del joven. Estaba limpiando la entrada y escuchó sobre su búsqueda.

-Adelántate, mujer, ¿qué sabes sobre este asunto?-comentó Augusto.

-Gracias, amo, por escucharme-obedeció la aludida. Dos mañanas atrás, crucé los establos y vi el caballo del joven pastando, parecía muy cansado y estaba solo.

-Extraño, debería estar encerrado hasta la tarde...Traigan a los esclavos encargados de cuidar a los animales.

-Enseguida, Señor-respondió el esclavo.

Augusto tomó asiento en su trono, cuando el soldado regresó con los dos asustados hombres.

-Bien, ¿Qué saben de Orestes? ¿Por qué su caballo estaba fuera al amanecer?

-No lo sé, señor. Yo los dejo encerrados apena cae el sol y luego me retiro a descansar-respondió uno de los sirvientes.

-¿Qué tienes tú para decir?-agregó Augusto dirigiéndose al otro hombre que no expresaba una palabra.

-Estaba cansado y me tiré a dormitar un rato. Cuando desperté, el caballo estaba parado bajo un árbol. No comprendo que ocurrió.

-Descuidaste tu tarea, no debiste hacerlo-afirmó haciendo un gesto a otro de los guardias.

-Señor, perdóname, tengo familia-rogó el hombre observado que el guardia sacaba la espada.

-No acepto errores, deberías saberlo-respondió indicándole a un guardia que le cortara la cabeza.

-Clávala bien visible en una estaca, para que sirva de ejemplo a todos los sirvientes.-ordenó el Emperador pensando que relación tendría el suceso con Orestes.

Estaba tratando de atar cabos, cuando vio una nube de polvo sobresaliendo a lo lejos.

-Señor, el ejército .Y viene con el estandarte levantado en señal de triunfo.

-Magnifico-asintió-Los espero en el balcón imperial-afirmó recordando que en las últimas horas no había tenido noticias de Cornelius.

-Con la desaparición de Orestes, lo olvidé-reflexionó sonriendo al ver Tracio conduciendo la expedición. "Raro Cornelius no lo acompañe"-pensó al no ver a su hombre de confianza por ningún lado.

-Augusto, el éxito es tuyo-comentó el General cayendo de rodillas delante del Emperador.

-¿Dónde está nuestro querido Marcio? ¿Acaso cayó en batalla?-preguntó fingiendo dolor.

-Aquí estoy – exclamó cabalgando entre la filas de soldados seguido de Orestes. Herido y enfermo, pero vivo. Tuve que dejar la conducción a Tracio, a él debes la victoria.

-Orestes, ¿porque te fuiste sin autorización?-se dirigió enseguida al ver al hemos jinete a un costado de su amo. ¡Casi enloquezco buscándote!

-Mi señor, tu preocupación m e honra-exclamó descendiendo de su caballo. Pero estabas ocupado y escuché un rumor que Darío intentaría asesinar a mi amo. Tuve que salir de inmediato para evitar su muerte, por suerte llegué a tiempo.

-Ese traidor-exclamó Augusto. ¿Y nuestro querido Cornelius?-preguntó imaginando la respuesta.

-Cayó en batalla-respondió Tracio mirando el suelo.

-Este momento de gloria se ha opacado con la partida de este gran guerrero. Marcio, te daré tu recompensa. Pide lo que desees –agregó para cumplir con lo acostumbrado luego de cada triunfo.

-Gracias. Solo una cosa: Que me dejes marchar a casa junto con mi sirviente, deseo dedicar el resto de mi vida a servirte como cónsul provincial, de nada te serviría en combate...Fui cruelmente herido en el brazo, y casi no tengo movilidad. Tracio será un gran sustituto.

-Pero has hecho mérito sufriente para ocupar un puesto en el Senado.

-Por ahora, no me siento capacitado. Necesito descansar y cuidar de mis asuntos, que son los tuyos.

-Aunque no es mi gusto, concederé tu deseo. Debo reconocer que esta maldita lucha me ha costado dos grandes oficiales -asintió temiendo levantar la furia de las tropas si se negaba.

-Gracias, Gran Señor. Orestes, prepara nuestras cosas, marchamos antes del anochecer.

-Como órdenes, amo-asintió marchándose inmediatamente

Marcio levantó a la vista para saludar al Emperador y vio que este había desaparecido.

-Tus planes salieron mal, Señor .Y no puedes hacer nada, o te pondrías en evidencia. Pero debo estar alerta. Me temes, y vi en tus ojos que Orestes te gusta demasiado., buscarás la forma de sacarme del medio-murmuró Marcio retirándose del lugar.

Tracio se abrazó con su amigo y antiguo colega tratando de contener el llanto que nublaba su vista.

-¿Estás seguro que no deseas quedarte? El ejército no será el mismo sin ti.

-No. Preciso una vida más tranquila, ya tengo casi cuarenta y cinco años, hace mucho que peleo por el Imperio. Hora de retirarme.

-Si me necesitas voy contigo.

-De ningún modo, este es tu momento. Y aunque nunca será lo mismo, Augusto me designó una cantidad de hombres para reponer los que perdí en batalla.

-Veré como se da todo, quizá tengo demasiados sueños y la realidad me demuestra que estoy equivocado.

-Aprovéchalos, algún día, cuando te sientas cansado y viejo, volveremos estar juntos.

-Cuídate amigo-suplicó Tracio besando la mejilla del hombre.

-También tú. Y gracias por todo.

-Ha sido un placer combatir a tu lado, pero especialmente, ser tu amigo

-Lo mismo digo-musitó sonriendo a Orestes que se acercaba con las pertenencias de ambos.

-Te encargo a Marcio. Deberá estar en perfectas condiciones cuando yo regrese a la villa.

-Así será-respondió Orestes tendiéndole una mano.

-Ven aquí-lo abrazó Tracio sin previo aviso.

Una vez terminada la despedida, los amantes emprendieron el regreso perdiéndose por unas solitarias callejuelas. Desde el balcón imperial, un compungido Augusto los observaba alejarse.

-Volveremos encontrarnos, y esta vez, te venceré, Marcio Tulio Caius.Tienes algo que deseo-musitó el hombre corriéndose el enrulado cabello castigado por el viento.

-Señor, está refrescando .Será mejor que entres-sugirió un sirviente.

-Voy enseguida-añadió echando un vistazo final antes de dirigirse a su dormitorio.

-¿Qué te pareció la vida en el Palacio Imperial? –preguntó Marcio a Orestes en un momento de descanso.

-Extraña y loca, prefiero mantenerme alejado. Sin embargo, debo reconocer que me hubiese gustado conocer más la ciudad, pero no tuve oportunidad.

-Algún día volveremos, como ciudadanos comunes y corrientes. Y conocerás cada uno de los misterios de Roma.

-Eso me gustaría-confesó el muchacho.

-Así será. Ahora debo atender a mis hombres. Hay varios nuevos, y quiero que se sientan cómodos a mi lado-comentó disponiéndose a recorrer la fila de soldados que venía detrás suyo.

-Sí, señor-asintió Orestes apretando cariñosamente la mano de su amante antes de que este marchara a comprobar a la tropa.

Capítulo IX

La vida transcurría con normalidad en la villa de Marcio, quien retomó con dedicación todas sus actividades. Los nuevos soldados comenzaron a prepararse para el trabajo en la provincia, y el pasado, pareció quedar definitivamente atrás. La presencia de Orestes fue finalmente aceptada con normalidad y todo parecía volver a su cauce.

-En pocos días vendrá un pintor a la villa-confesó Marcio a su amante mientras jugaba con el rojizo cabello completamente húmedo, luego de una noche de amor y placer.

-¿Qué deseas pintar?-preguntó este con curiosidad.

-A ti. Quiero grabar tu belleza para que todos puedan admirar al amante del Cónsul a través de la historia. También me haré un retrato para poner junto al tuyo.

--Sabes que eso no puede ser, nuestro amor debe permanecer en secreto.

-¿Acaso crees que la gente es tonta? Todos están en conocimiento de lo que sucede entre nosotros. Y debo confesar que ya no me importa-afirmó sentándose en el borde del lecho.

-Quizá sea hora de buscar una esposa-sugirió Orestes admirando el cuerpo desnudo de su amante.

-O mejor de volver a la cama con la persona que más amo en este mundo- sonrió metiéndose nuevamente entre las mantas... No pienso casarme, ni ahora ni nunca. Ya no tengo a nadie que me presione. Y tampoco me interesa la vida pública, todo lo que añoro se encuentra aquí, en esta ciudad que por tanto tiempo detesté.

-Pero tus ambiciones, debe concretarlas...

-Shhhh-sonrió aprisionando los labios de Orestes entre los suyos. Mi única ambición, es estar siempre a tu lado.

-En eso estamos de acuerdo-sonrió Orestes abrazando a su compañero.

-¿Realmente crees que solo coincidimos en eso?-acotó este sintiendo hervir la lujuria en su sangre. Creo que hay muchas más cosas, tal vez sea hora de recordártelo.

-Puede ser-sonrió Orestes con picardía olvidando la conversación anterior.

El desgreñado personaje llegó cerca del mediodía. Luego de estirar su agotado cuerpo, se acercó a la puerta y golpeó las manos anunciando su presencia.

-Señor-preguntó un esclavo asomándose con curiosidad.

-Soy Falvio Mateo y he sido invitado por el Cónsul Marcio Tulio a pintar algunos retratos –saludó creyendo que el hombre lo reconocería .En realidad llegué antes de lo esperado.

-El Señor ha salido, pase y póngase cómodo. Veré si lo encuentro. ¿Dónde está su equipaje?

-Solo esto –señaló el hombre una amplia bolsa de cuero que había apoyado sobre el suelo.

-¿Nada más que eso? –preguntó. Digo, pensé que un artista traería un equipaje más importante -agregó el sirviente.

-Tengo todo en mi bolsa, arreglé con el Cónsul que el mismo compraría los materiales en Roma para abaratar el costo.

-Vaya-asintió el hombre mirándolo de reojo. Creo que he escuchado la voz del amo. Le anunciaré sobre su presencia. ¿Desea tomar algo mientras espera?

-Agua, si es posible.

-En seguida le traerán. Con permiso, iré en busca del Cónsul.

-Por supuesto-asintió este aprovechando para recorrer la enorme sala.

-Señor –se acercó el criado a Marcio. Ha llegado quien dice ser una artista contratado por usted. Lo hice pasar a la sala principal.

-Pensé que vendría mañana –respondió el hombre asombrado. Según dicen es uno de los mejores pintores del momento. Atiéndelo como corresponde mientras voy a arreglarme un poco.

-Como ordene, Señor-acotó el esclavo con una leve inclinación de cabeza.

Falvio estaba recorriendo distraídamente el amplio salón cuando Marcio tosió para hacerse notar.

-Buenos días -saludó. Disculpa que te haya hecho esperar. Quería prepararme para recibir a tan ilustre artista.

-El gusto es todo mío-respondió el hombre girando sobresaltado. Y gracias por lo de ilustre, en realidad estaba aprovechando para observar estas maravillosas obras de arte. Admiro tu buen gusto.

-Ahora soy yo el que tiene que agradecerte. -sonrió Marcio. Espero te hayan recibido como merece un pintor de tu jerarquía. No te esperaba todavía.

-Terminé otro trabajo y salí para aquí inmediatamente Luego sigo viaje a Roma. Según entendí debo hacer dos retratos, el tuyo y el de tu secretario- susurró con un hilo de voz.

-Exacto. Orestes vendrá en seguida. Estaba paseando en su caballo, tal como hace todas las madrugadas. Acabo de enviar un mensajero para que le avise de tu llegada.

-"Orestes"-recordó el pintor quedándose en silencio.

-Te noto pensativo-preguntó Marcio con curiosidad.

-Hace muchos años conocí a alguien con ese nombre, por eso me distraje .No es un nombre muy común-respondió de prisa.

-Seguro ya está en camino, así que tendrás oportunidad de sacarte la duda.

-Bien, continúa explicándome el trabajo-comentó frunciendo el ceño.

-Allí llega –comentó Marcio rato después .Escucho su cantarina voz por los corredores.

-Buenos días, y disculpen. Estaba demasiado lejos cuando el sirviente me encontró-saludo amablemente buscando al artista con la mirada.

-Querido, te presento al Señor Falvio Mateo, el artista del cual te hablé.

-Encantado –sonrió al hombre que estaba curioseando una escultura. ¿Tú?? – titubeó contemplando atónito al pintor.

-Querido amigo-sonrió abrazándolo con firmeza. Cuando tu señor te nombró, pensé que sería una simple casualidad. Pero ahora que te veo, no hay duda. Estás igualito.

-Digo lo mismo sobe ti. Y veo que finalmente has logrado cumplir tu sueño agregó Marcio con nostalgia.

-Así que finalmente se conocen –susurró Marcio cambiando la mirada de uno a otro.

-Mis padres tenían una casa vecina a la de Orestes, y compartimos parte de nuestra niñez y adolescencia- aclaró Falvio.

-Hasta que decidiste ser artista y dejamos de vernos. Pero tu nombre era Flavio.

-Así es, me tomé una pequeña licencia artística. Ahora soy Falvio. Y como dices, he recorrido el mundo con mi arte.

-Suena interesante -sintió Marcio sintiendo que la presencia del hombre comenzaba a incomodarle.

-Es algo espectacular, pero demasiado cansador. Luego de un tiempo, te dan ganas de establecerte en un lugar y no volver a salir.

-Eso es lo que soñabas ¿verdad?-preguntó Marcio sonriente.

-Tienes razón, pero tarde comprendí lo que dejaba atrás al marcharme-respondió observando el sonrojado rostro de Orestes.

-No todo se puede tener en la vida. Hay que elegir, tú lo hiciste y lograste alcanzar tu objetivo, me alegro mucho por ti-acotó Orestes cortando la conversación.

-Entonces, ¿Cuánto demorarías y que costo tiene su trabajo?-comentó Marcio percibiendo la tirantez entre los hombres.

-Perdón, los recuerdos me llevaron al pasado–sonrió Falvio .Es hora de que continuemos arreglando nuestro objetivo.

-Creo que será lo mejor-asintió el Cónsul entrecerrando los ojos. Comenzarás mañana mismo. Pediré   a Demetrio, el esclavo que te atendió que lleve tu equipaje a la habitación de huéspedes.

-De   acuerdo-aceptó este preocupado por el cambio de humor del anfitrión.

-Saber que con el artista nos conocimos de antes te puso celoso, ¿verdad?-musitó Orestes acercándose a su amante.

-No me gusta que se burlen de mí, así que confiesa, ¿Qué papel ocupó este artista en tu vida?

-Nadie importante .Un romance pasajero, que duró unas pocas noches -mintió Orestes alertado por la peligrosa mirada de su amante.

-Debiste haberlo confesado cuando te lo mencioné, así estaba preparado, o traía otro-insistió Marcio sin intentar ocultar su enojo.

-Nunca me dijiste su nombre, cada vez que preguntaba, aducías que era una sorpresa-explicó Orestes.

-Lo único que deseo es que termine pronto su trabajo y siga viaje hacia Roma -afirmó dirigiéndose a la puerta de salida.

-Marcio-exclamó Orestes.

-Dime-se detuvo este.

-Sabes que te amo.

-También yo, y disculpa mi ataque de celos... Sé que tuviste una vida antes de conocernos, pero no pudo evitar morirme de rabia cuando comprendo que alguien te tuvo antes que yo.

-Hace muchos años de eso, tú eres mi presente y futuro. No lo olvides.

-Lo intentaré-asintió Marcio abrazando a su amante.

 "Si sabe que estuve por irme con él, podría cometer una locura. Es demasiado orgulloso para comprender que Falvio es parte de mi vida anterior, y no puedo permitir que mi pasado destruya la relación que tenemos"-recordó Orestes dejando viajar su mente hasta la última conversación que tuvo con él artista muchos años atrás.

"Debo marchar, me salió un trabajo en muy importante en Roma.

-¿Y lo nuestro? Juraste que me amabas.

-Orestes, por favor. ¿Quién podría no amarte? Pero siempre supiste que me iría, tengo grande sueños, y un futuro prometedor. Ahora tengo la oportunidad.

-Llévame contigo, no molestaré.

-Deja de decir tonterías, eres un campesino ingenuo, la vida de ciudad te marchitaría antes de tiempo, ¿Qué haríamos entonces?

-Por favor, dame la oportunidad-suplicó el lloroso joven.

-Así no me estás ayudando, bastante tuve que lidiar con mis padres.

-Te quiero, Flavio y moriré sin ti.

-Nadie muere de amor. Vete a casa, mañana temprano pasaré a saludarte otra vez.

-Prométeme que por lo menos lo pensarás.

-Está bien –suspiró este intentando sacarse de encima a su antiguo amante.

-Gracias. Estoy seguro que cuando reflexiones verás que es una buena idea. Te estaré esperando-insistió sin comprender la triste mirada que le enviaba el artista.

Orestes esperó hasta el mediodía que su novio viniera a buscarlo, y finalmente decidió visitar la casa de los padres del joven.

-Buenas tardes –saludó el joven. ¿Flavio?

-Hola-saludó la madre del muchacho que estaba al tanto de la relación. Partió ayer por la tarde, pensé que había pasado a despedirte.

-Lo hizo….solo que creí que se iría por la mañana. ¿Dejó algo dicho para mí?-respondió tratando de no desmoronase.

-Nada, lo lamento-acotó la mujer.

-Entiendo .Regresaré a casa.

-Orestes-habló el padre por primera vez.

-¿Si?

-Olvídalo, ya no regresará. Y tú eres un gran muchacho, mereces algo mejor que ese atolondrado.

-Gracias. Lo intentaré –respondió esa última vez que pisó la casa del hombre el cual nunca más volvió ver hasta ese día"

-¿Quieres decirme algo más? Te has quedado callado-preguntó Marcio.

-Lo que ya sabes: Eres todo para mí... Y jamás debes dudarlo.

-Lo siento, lo siento –tartamudeó Marcio. Es que te quiero tanto, pero como te dije, trataré de comportarme hasta que se marche-prometió.

-También me sentiría igual. Creo que será mejor que alguien no acompañe mientras me pinta. No hay necesidad de malos entendidos.

-Confío en ti. Reitero: ¡Disculpa si me porté como una bestia!

-Claro que te perdono, y comprendo tu reserva. Pero esa tonta historia sucedió hace mucho, éramos casi unos niños –reiteró besando a Marcio con ahínco Jamás lo hubiera recordado de no haberlo vuelto a encontrar.

-Dejemos este tema y vamos a cenar, tengo que hablar con nuestro artista para encargar los materiales –asintió Marcio.

-Está bien –reiteró presintiendo que su amante no olvidaría con facilidad antigua relación que había sostenido con Falvio.

Al otro día temprano, el pintor comenzó su trabajo. Vestido informalmente, con una túnica manchada por diversos colores, sonrió cuando vio llegar a Orestes al pequeño galpón que le habían concedido para realizar la obra.

-Lamento haberte creado un problema con el Cónsul. Vi que se puso rígido cuando mencioné que fuimos amigos en el pasado- se disculpó el hombre.

-No te preocupes. Ya quedó todo aclarado.

-¿Es más que tu jefe, verdad?-insistió este comenzando a realizar un esbozo mientras esperaba la llegada de la pintura. . Me sorprendió la tensión de su cuerpo cuando mencionamos el episodio.

-Sí, somos amantes. Y lo quiero mucho-confesó el joven abruptamente.

-¿Le dijiste algo sobre lo que tuvimos?

-Solo que tuvimos una relación pasajera. No hay nada más que aclarar.

-Sabes que no es la realidad –acotó este acomodando la madera en una silla. Fuiste una parte muy importante en mi vida, y volver a encontrarte ha despertado el viejo amor que creí olvidado.

-Por favor, Falvio, nos pones en peligro. Creo que será mejor que desistas de este trabajo, poniendo como excusa que te llamaron urgente dese Roma.

-Aunque quiera no puedo. Necesito el dinero que recibiré por estas pinturas, y especialmente el tiempo para convencerte de que huyas conmigo.

-¿Acaso no me escuchaste? ¡Amo a Marcio!-gritó el joven.

-Es casi un anciano para ti, y te tiene oculto en esta jaula de oro. Te ofrezco la libertad del mundo, esta vez no te fallaré.

-Demasiado tarde, ya no soy el mismo que conociste.

-No te creo, tus ojos brillan cuando me miras. Bésame y jura que no me amas.

Orestes tembló y observó al pintor .Una misteriosa incertidumbre envolvió su corazón, removiendo sentimientos encontrados.

Falvio aprovechó ese instante de indecisión   y lentamente se acercó a su antiguo amante. Le acarició con suavidad una de las mejillas, y sintió que este iba cediendo. Orestes cerró los ojos y recibió el beso que por tantos años había recordado. Entreabrió sus labios, y respondió a la caricia, hasta que un par de cálidos ojos azules cruzaron por su mente. Con delicadeza, comenzó a *alejarse, sin notar al malévolo sirviente que los espiaba.*

"Vaya la mosquita muerta, pensar que durante tanto tiempo contuve mi deseo guardado porque era el amante del amo, y en cuanto tiene oportunidad se entrega a cualquiera.   Deberé estar atento"-susurró Demetrio que venía a traer dos vasos de agua .Será mejor que más tarde envíe a alguien - marchó el hombre sin ver el final de la situación.

 -Lo siento-acotó Orestes. Pero este beso solo ha servido para comprobar, que tal como pensaba, no te amo. Quiero a Marcio y no voy a traicionarlo. Guardaré nuestra historia como algo que no pudo ser.

-Se cansará de ti, y te venderá al mejor postor, huye conmigo-repitió Falvio sin darse por vencido.

-Prefiero arriesgarme. Y si eso sucede recordaré por siempre la felicidad vivida. Este beso fue un terrible error que debes olvidar-insistió el joven ignorando a la esclava enviada por Demetrio para que comprobara la traición de Orestes.

*-Yo no sé qué escuchó el estúpido de Demetrio, ese joven ama profundamente al amo.-*pensó la mujer atendiendo la declaración del amante de Marcio.

-¿Entonces es el fin?-preguntó Falvio.

-Hace mucho que lo fue, el día que te marchaste y me dejaste sin siquiera un último adiós.

-Ya te pedí perdón, no destruyas nuestro futuro por una estúpida venganza.

-No existe el futuro, debes comprender que no siento nada por ti. El destino casualmente volvió reunirnos para afirmar algo que, en mi inconsciente, ya sabía. Quizá, para cerrar definitivamente una etapa de mi vida. Apúrate con tu trabajo y vete. Será lo mejor para los dos.

-Así que todo mi esfuerzo fue en vano -confesó Falvio.

-¿A qué te refieres? –preguntó Orestes con curiosidad.

-No llegué aquí por manos del azar. Todo el mundo conoce la historia del Cónsul y su bello amante. Hace años que te busco, y al escuchar tu nombre quise venir por si eras tú. Ahora comprendo que fue una   verdadera pérdida de tiempo.

-Lamento que te hayas tomado tantas molestias por mí. Insisto en que ofrezcas   una excusa creíble y te vayas.

-Terminaré mi trabajo, y seguiré tu consejo. Jamás volveré a molestarte-aseguró el hombre siguiendo con su trabajo.

-Entonces apúrate o diré a Marcio que ya no quiero posar más.

-Siéntate, pintaré lo más rápido posible-agregó recobrando su aire profesional.

-Con permiso. Lamento interrumpir. Traje agua fresca-se asomó la empleada depositando la jarra sobre una pequeña mesita.

-Gracias-sonrió Orestes sin imaginar lo que estaba sucediendo alrededor suyo.

-¿Viste algo raro?-preguntó Demetrio al ver llegar a la mujer.

-Eres un tonto-comentó esta .Ese joven ama profundamente al Cónsul, y se lo aclaró perfectamente al pintor. Así que déjate de husmear y dedícate a tu trabajo, tal como hubiera hecho el pobre Marius – sollozó la mujer recordando al mayordomo fallecido meses atrás.

-Déjate de decir tonterías, seguro sintieron ruido y cambiaron la conversación .Eres una inútil-refunfuñó Demetrio.

-Y tú un traidor, atiende mejor a tu esposa e hijos que con eso tienes bastante -rugió la mujer marchándose.

-Muy pronto haré una visita al agraciado Orestes. Dormirá conmigo o le diré a Marcio lo que vi. El amo puede ser muy cruel cuando lo desobedecen –sonrió sarcásticamente acariciándose las heridas de la espalda causados por los latigazos que este le había dado hacia un año atrás... Y solo había tomado unas monedas, imagino lo que puede suceder si sospecha por un segundo que este joven lo está engañando.

Mientras tanto, sin saber que había sido descubierto, Orestes intentaba convencer un vez más a su amante que despidiera al artista.

-"Ya no estoy cómodo con Falvio, el proyecto debe acabar ya mismo"- repetía con insistencia.

-¿Es el trabajo o el artista que te molesta?-sugirió presionando su mano sobre un brazo del joven.

-Falvio no tiene que ver en esto, salgamos a caminar por el jardín y te lo explicaré nuevamente Soy un pobre campesino, no nací para figurar por los salones.

-Hablemos entonces, por un momento me preocupaste-suspiró el hombre indicando a su amante que los siguiera. Demetrio, avisa en la cocina que merendaremos afuera.

-En seguida, amo-asintió el hombre siguiendo con una apática mirada caminar a la pareja.

-Zorra, prostituto. Seguro estás acostumbrado a mentir. Pero tendrás que complacerme si deseas que mantenga tu secreto. -musitó contemplando fugazmente a Orestes que continuaba explicando a Marcio que ya no quería ser retratado.

<u>Capítulo X</u>

-¿Entonces realmente no deseas seguir con el trabajo? No lo comprendo, estabas muy entusiasmado cuando te lo mencioné -preguntó Marcio sin estar satisfecho con las declaraciones de Orestes.

-Eso fue hasta que comprendí que no puedo estar tanto tiempo sentado mirando como un hombre pinta.

-Querido mío, no conoces nada de arte, pero te suplico que no me prives del placer de inmortalizar tu rostro. Luego pediré que nos haga otros juntos, o algún mural para que quede por siempre guardado en esta casa. ¿Estás seguro de no hay algún otro motivo por el cual no deseas continuar con esta obra?

-De ninguna manera –se apresuró a responder bajando la mirada hacia el suelo. Y si es tan importante para ti, seguiremos adelante.

-Gracias-respondió este besando la cabeza de su amante, hablaré con Falvio y le diré que se apure, incluso le ofreceré más dinero si termina antes de lo previsto.

-Buena idea sonrió Orestes. Me gustaría eso.

-Debo dejarte, quiero participar con el nuevo Comandante de mis soldados en una expedición por las cercanías. Los recién llegados deben aprender mi forma de trabajar.

-Y yo me preparé para que nuestro artista pueda continuar, aunque creo que salió en busca de más material.

-Eso dijo. Luego conversaré con él-comentó Marcio dirigiéndose hacia la salida.

-Me parece bien, hasta dentro de un rato.

-Nos vemos luego-.Y espero que el pintor no te haya molestado, no toleraré que se metan contigo- susurró Marcio en los labios de su amante.

-Sácate esa idea de la cabeza, ya te lo dije, el fugaz romance que tuvimos terminó mucho antes de conocernos. Simplemente, no me gusta ser el centro de atención-afirmó Orestes.

-Bien, no se hable más - aceptó el Cónsul sin hacer más comentarios.

Esa noche, Orestes caminaba pensativo a los baños, cuando escuchó la voz de Demetrio que lo llamaba.

-Orestes, por favor. Espera.

-¿Qué haces aquí? Nadie te ha llamado-vociferó este al distinguir al hombre que nunca le había caído demasiado bien

-Admiraba tu belleza, la cual justifica sin duda la pasión que nuestro señor siente por ti.

-Pues no la verás demasiado tiempo si apareces de esta forma. A Marcio no le gustará saber que me espías.

-Menos le gustará enterarse que su amante, los ojos de su vida, se besó con el pintor, incluso pensó en huir con él.

-¿Qué estupideces hablas? Amo a Marcio y jamás lo traicionaría-titubeó Orestes.

-Hay testigos que te vieron besándolo, y quien sabe que más. Sería terrible para nuestro señor comprender que ha sido vilmente engañado.

-Exijo que me digas el hombre de esos mentirosos-reclamó el joven enfrentando al sirviente.

-Eso no importa, solo quería advertirte. Sabes que te tengo en gran estima- sonrió Demetrio.

-Nadie se atreverá a decir semejante mentira, y si alguien se anima no viviría demasiado tiempo.

-¿Me parece, o estás temblando?

-Sal de aquí antes de que llame a los guardias.

-No lo harás, porque sabe que no miento. Y todo será mucho más sencillo si me concedes…tu atención…una única vez. Jamás volvería a perturbarte si eres mío ahora mismo, o cuando dispongas-se acercó el hombre lo suficientemente cerca que el aliento de su boca rozaba las mejillas del joven.

-¿En serio crees que Marcio hará caso a un esclavo sin pena ni gloria como tú? ¿Que hasta su propia mujer le tiene asco y huye cuando lo ve venir?

-Sabes que eso no es verdad. Y te haría muy feliz, soy muy bueno en el arte amatorio.

Orestes esbozó una tune sonrisa y se alejó de Demetrio.

-Tienes un minuto para retirarte u ordenaré a los guardias que te den más latigazos que la última vez. Tú decides.

-Quizá debas pensarlo un rato-sugirió el hombre sin atemorizarse.

-No lo creo-rugió dándole una bofetada. ¡Guardias!-exclamó con firmeza.

-¿Señor?

-Llévense a Demetrio al calabozo hasta mañana temprano. Ha desobedecido las órdenes del amo.

-Eso es mentira, él trató de convencerme   para que me acostara en su lecho-suplicó provocando la risa del soldado.

-¿Acaso crees que voy a creer ese disparate? ¡Eres un viejo feo y sucio!-se burló el guardia.

-¿Ven los que te digo? Está loco.

-Ya lo creo –asintió apoyando la lanza en la espalda del esclavo. ¿Piensas que por un segundo pensaría que Orestes se fijaría en un hombre tan ridículo como tú? Camina, o te mato aquí mismo. Puedes estar seguro que tu pobre esposa estaría profundamente agradecida.

-Me pagarás esta humillación, Orestes, te lo juro-silabeó el hombre con los ojos vidriosos de odio.

-Tienes suerte que no te denuncie a Marcio, ya te perdonó una vez, no creo que lo haga nuevamente .Llévatelo-ordenó Orestes.

-Sí señor. Puedes estar seguro de que no te volverá a molestar.

El joven siguió con la vista el trayecto del prisionero hasta que se perdió de vista, y una vez solo cayó derrotado sobre una silla.

-El idiota dijo que hay testigos del beso que me dio Falvio. Por las dudas, debo advertirle que se vaya lo antes posible o su vida no valdrá nada, y quizá la mía tampoco. ¡Que arrepentido estoy de haber cedido a ese tonto impulso! Tengo bien merecido el castigo – musitó Orestes dirigiéndose al baño.

-Señor-lo detuvo la empleada que trabajaba con Demetrio en la cocina. Mi nombre es Marina, soy esclava de esta casa desde hace varios años.

-Se quién eres –asintió Orestes. ¿Te ha ocurrido algo?

-No, solo quería hacer un comentario. El amo Marcio cambió desde que se conocieron, se ha convertido en una mejor persona...

-Eres muy amable –sonrió. ¿Algo más que desees decirme?

-Solo que te cuides, Demetrio se encaprichó contigo y es muy vengativo. La humillación sufrida no ayuda. Con permiso-se dio vuelta a la mujer para marcharse.

-Marina, espera-exclamó Orestes.

¿Señor?-preguntó la sierva.

-Llámame Orestes, no soy un señor. Y gracias por advertirme, pero debes saber que no le temo.

-Pues deberías, es un hombre muy sanguinario aunque no lo parezca.-insistió retirándose enseguida, dejando a un cabizbajo Orestes sumido en la duda.

-¿Qué debo hacer? ¡Maldigo el día que Falvio se enteró de mi existencia!-sollozó Orestes preocupado.

La pareja cenaba a la luz de la luna cuando Marcio advirtió la presencia de otro esclavo atendiéndolos.

-¿Qué pasó con Demetrio?-comentó el Cónsul.

-Está castigado. Cometió varios errores y decidí darle una lección. Tú no estabas por eso no pude pedir tu autorización-respondió sin vacilar ante la sorprendida cara del hombre.

-Si actuó tan mal hiciste lo correcto, solo me extraña porque tu jamás tomas medidas de ese tipo. En cuanto tenga tiempo hablaré con él, no es la primera vez que sucede.

-Quizá sea bueno trasladarlo otro sector, he comprobado que sus compañeros le temen. -titubeó Orestes sin decir más nada.

-No pensé que fuera para tanto, atenderé tu sugerencia- asintió Macio.Y ahora, es hora de retirarnos, mañana debo partir en una expedición de varios días y la noche es demasiado corta cuando estoy contigo.

-Eso me gustó más-asintió Orestes pensando en el profundo amor que sentía por ese hombre y lo mal que se sentía mintiéndole.

-"Cuando venga de su viaje le diré lo sucedido, prefiero que me odie a mentirle .No se lo merece"

Flavio se hallaba lavando las manos al mismo tiempo que observaba discretamente como su antiguo novio se despedía de Marcio.

-Fui un tonto al dejarlo, pero ahora ya está. Debo conformarme –suspiró el hombre deseando terminar el encargue para partir.

-Quizá no-respondió un sonriente Demetrio saliendo de atrás de unas cajas.

-¿Quién eres tú?-gritó Falvio sorprendido por el extraño.

-Un amigo de Orestes, y como lo veo tan triste, me he tomado el atrevimiento de hablar contigo. Deseo ayudarlos-fingió.

-No comprendo nada de lo que dices-acotó Falvio.

-Orestes me confesó que te ama, y que no se va contigo por temor a Marcio.

-Estás equivocado, él me aseguró que hace tiempo dejó de quererme. Y no sé porque te comentó esto a ti-rezongó el hombre.

-Mintió por miedo, pero yo puedo ayudarlos a huir juntos.

-Estás loco, además ¿Qué ganarías tú con esto?-asintió el hombre continuando con su tarea.

-Te dije que es mi amigo, por otro lado, quiero vengarme de Marcio. Tengo la espalda destrozada por un injusto castigo que él me dio.

-No sé qué decir, debería pensarlo. Me has tomado de sorpresa, además no te conozco.

-Ahora es el momento, Marcio viaja a Roma. Tú puedes encontrarte con Orestes en el bosque y huir juntos. En realidad, debo confesarte que se lo sugerí y le interesó la idea. Está esperando una respuesta lo antes posible.

-Yo… sería demasiado peligroso.

-¿Vas a perder el amor otra vez? ¡Ahora es tu oportunidad! Claro que si tienes miedo, no insistiré-vociferó Demetrio marchándose. Le llevaré a Orestes tu respuesta.

-Espera, dime que debo hacer-flaqueó el hombre.

-Muy buena decisión. -afirmó Demetrio saboreando su victoria. Espérame en unos minutos en el establo, allí terminaremos de ajustar nuestros planes.

-De acuerdo, nos vemos en un rato-acordó Falvio.

-Voy a denunciarte-saltó Marina al ver que Demetrio quedaba solo. Eres ruin y perverso.

-Escucha mujer, es mejor que te calles, sino quieres ver a tus hijos muertos. Recuerda que el amo no movería un dedo por ustedes.

-No te atreverías-exclamó Marina.

-¿Quieres probar? Ese prostituto con ínfulas de señor me ha humillado, y debe pagar. Si sabes lo que te conviene, será mejor que mantengas la boca cerrada. Me voy, tengo cosas que hacer-vociferó dejando a la mujer envuelta en un mar de lágrimas por no poder hacer nada.

Demetrio cruzó rápidamente el jardín y se cruzó con Orestes que caminaba resignado al salón para continuar con la pintura.

-Señor, quería disculparme ante ti. Comprendí que había sido un estúpido al pretender lo que no era mío. De cualquier forma, debes saber que nunca te hubiera delatado -afirmó el hombre servilmente.

- Todo fue obra de tu imaginación, nunca pensé en marchar con ese hombre- ¿Por qué debería creer ahora en tu arrepentimiento?-

-Porque convencí al pintor que se vaya ahora mismo y no vuelva, sé que es lo que deseabas ya que no te dejaba tranquilo. Le dije que Marcio sospechaba de ustedes, y no tenía control cuando se sentía amenazado. Apenas le mostré mi espalda comprendió que era lo mejor.

-Gracias. ¿Que deseas a cambio? No creo que lo hayas realizado gratuitamente.

-Estás equivocado, solo deseo recobrar tu estima.

-Bien, haremos de cuenta que no sucedió nada-asintió Orestes retomando su camino. Si Falvio se fue, regresaré a mi habitación.

-Todavía sigue aquí. -exclamó el esclavo. Desea despedirse de ti en privado y me rogó que te avise que estará en el rosedal antes del anochecer .Ruega que vayas, será la última vez que se vean.

-Sería muy tonto si accediera, podría ser una trampa que tú has inventado para vengarte de Marcio y de mí.

- Lo que dices no tiene sentido, el amo estará lejos cuando se realice ese encuentro

-Lo pensaré- afirmó Orestes dudando de su decisión.

-Como gustes .Debo seguir con mis tareas. Mi señor, con su permiso- añadió Demetrio sin insistir

-Vete-asintió dudando de su resolución. *Quizá deba ir a despedirme, y agradecerle que se va*. Demetrio-exclamó fuerte para que el hombre lo escuchara. Sé que estoy loco por confiar en ti, pero espero no equivocarme. Dile a tu nuevo amigo que me espere en el sitio convenido.

-No seré necesario, iría de todos modos. Sino llegabas en un plazo prudencial, partiría a su nueva asignación -exclamó satisfecho. Buena suerte. *"Le diré a Ismael, el nuevo esclavo que me ayude .Estará deseoso de servirme"*-masculló al ver a Orestes alejarse.

El sirviente se hallaba llenado las alforjas de agua cuando Demetrio llegó hasta él.

-Necesito tu ayuda –comentó sin saludar.

-¿La mía, Señor?- se extrañó el esclavo

-¿Hay alguien más aquí? –rezongó el hombre.

-Perdona mi torpeza, ¿en qué te puedo auxiliar?

-Debes decirle al amo que escuchaste que su amante va a encontrarse con el pintor bajo el rosedal para huir juntos en cuanto él parta a Roma.

 -Ni que estuviera loco .Me matará al instante .Además, no oí nada de eso.

-Yo sí lo hice, pero a mí no me creerá. He perdido su confianza en los últimos tiempos, pero igualmente lo aprecio y no deseo que sufra.

-Lo siento, pero esta historia no me gusta nada. Ahora déjame continuar con mi tarea. Ya me interrumpiste demasiado.

-Te pagaré bien el servicio, y es probable que él también lo haga como agradecimiento por abrirle los ojos. Quién sabe si no ganas tu libertad.

-¿Estás seguro de tus afirmaciones?-preguntó el hombre temblando de emoción ante esas palabras.

-Por supuesto, estaba agachado detrás de una mesa limpiando unas baldosas cuando ellos arreglaban todo. Eso impidió que me divisaran.

-Está bien, explícame que debo hacer –asintió el ambicioso muchacho.

-Atiende bien-afirmó Demetrio.

Marcio se hallaba listo para a subir a su caballo cuando Ismael lo detuvo.

-Señor, debo hablar con usted. Es urgente –afirmó el esclavo.

-¿Qué sucede?-se extrañó este.

-Fui testigo de una conversación muy importante, y creo que debería estar enterado.

-Dime ya mismo-ordenó. Y espero que no sea una estupidez, o te haré azotar hasta que te quedes sin piel.

-Sí, señor-asintió este narrando todo lo que había acordado con Demetrio.

-Déjame solo, debo pensar. Y llama a Orestes, quiero despedirme de él. Seguramente tenga una explicación que aclare toda esta confusión.

-Como ordene, Señor. Por favor...

-No te delataré, ahora obedece.

“Seguro este tonto entendió mal, lo mero será no hacerle caso”-pensó Marcio.

-Recibí el mensaje. Me leíste el pensamiento, pensaba venir antes de que te fueras – musitó besándole el lóbulo de una oreja.

--¿Para asegurarte de que me fuera?-musitó mirándolo con tristeza.

-No comprendo a que te refieres -tartamudeó.

-Olvídalo, debe ser la partida. Se me hace difícil dejarte.

 -Cada vez te amo más, señor. No demores en volver.

-Tal vez debería quedarme-sugirió observando el rostro de Orestes.

-Temo que el Emperador tome represalias si lo desobedeces, pero puedes inventar una excusa creíble para   decirle que ya no deseas volver a Roma

-Tendré que pensar muy bien, sabe que quedé con un brazo lesionado de la última batalla y aun así exige mi presencia. Lo único de bueno es que veré a Tracio -asintió subiendo al caballo. ¡Hasta la vuelta!

-Adiós. Te extrañaré mucho -reiteró Orestes secándose las lágrimas que rodaban pro su rostro.

-"Esta nervioso, y angustiado, debe ser por mi partida. O, tal vez realmente vaya a huir-pensó apenas habían avanzado unas millas. Retornemos, olvidé algo -se detuvo sorpresivamente.

-Señor, estamos bastante lejos de la casa.

-Los recompensaré por las molestias causadas, necesito regresar ya mismo.

-Como ordene-cabalgó el Comandante para avisar sus hombres que emprenderían el retorno.

-Esperen por aquí-señaló un bosque en las cercanías de la villa. Regreso enseguida, será suficiente con que me acompañen dos o tres hombres.

-¿Qué está pasando realmente, Señor?-preguntó el soldado.

-Lo sabré en unos minutos. Por favor, elige a los hombres de más confianza para me acompañen... "Si todo es como espero una patraña, venderé ya mismo a ese esclavo, y pediré perdón de rodillas a mi querido Orestes"

-Como digas-asintió ignorando lo que pasaba por la mente de su Señor.

Pasaban unos minutos de la hora fijada, cuando Orestes se dirigió al rosedal encontrarse con Falvio.

-Viniste, pensé que no te decidirías-le comentó este al verlo asomar.

-Dudé, pero quería satisfacer tu último deseo antes de partir para siempre. Fuiste muy noble en aceptar marcharte sin terminar tu trabajo .Pero te enviaré el dinero correspondiente en cuanto te instales.

-¿De qué hablas?-se acercó besándolo. Quedamos en huir juntos.

 -Eso no es verdad-palideció Orestes comprendiendo lo que sucedía. Amigo, nos han engañado... Monta tu caballo y aléjate ya mismo de este lugar, no hay tiempo para explicaciones.

Apenas había terminado de hablar cuando varios soldados salieron de los alrededores deteniendo al artista con sus lanzas.

-¿Qué está pasando?-gimió Falvio aterrorizado.

-¿Creyeron que no me enteraría?-apareció un furioso Marcio entre los hombres. Te los advertí, Orestes, te amo demasiado para dejarte ir. Y creí que era correspondido, ¿Qué hice mal?

-Nada, esto es una trampa. Vine a despedirme de Falvio que se marchaba sabiendo que yo estaba molesto por el trabajo...y lo mucho que te amaba. Demetrio dijo que quería verme antes de irse. .

-Miente, señor-Quiere lavar su culpas con este pobre esclavo-se tiró el siervo a los pies del Cónsul.

-A mí me dijo que era tu amigo y le habías dicho que huirías conmigo-tartamudeó el pintor observando a Orestes.

-Se pusieron de acuerdo para inculparme –sollozó el hombre.

-Ismael, ¿tienes algo que decir al respecto?-ordenó Marcio dirigiéndose al esclavo.

-Yo te dije la verdad, gran señor. Estos hombres iban a encontrarse aquí.

-¡Cuanta mentira alrededor mío!-sacudió Marcio la cabeza blandiendo al aire su espada.

-Demetrio, nunca debiste inmiscuirte en estos asuntos.

-No tengo nada que ver, Señor-rogó el hombre. Soy tu fiel servidor.

-Ese esclavo   me dijo que te avisara, yo solo cumplí sus órdenes-gimió Ismael al ver el cariz que estaba tomando el asunto.

-Mienten .Se han confabulado contra mí. ¡Vi a Falvio y Orestes besándose! No podía tolerar que te engañaran, Gran Señor-se defendió Demetrio.

-Fue mi culpa, cometí una imprudencia-sollozó Falvio.Pero pedí perdón a Orestes .Él te ama como nunca a mí.

-Son todos unos traidores, y por lo tanto deberán pagar su farsa-gritó –haciendo rodar la cabeza de Demetrio sin una palabra. Ahora es tu turno –exclamó dirigiéndose inmediatamente hacia Falvio.

-Marcio, por favor, déjalo ir. Estás cometiendo un error-gimió Orestes.

-No te creo más nada, seguro deseas que perdone a tu amante para volver a engatusarme –insistió acercándose con la espada ensangrentada hacia el pintor. Pagará por soñar con lo que no te pertenece -exclamó cortándole la mano derecha. Atenlo a un árbol, las alimañas sabrán qué hacer con él. .

-Mi mano-lloró, no podré volver a pintar.

-.Tienes suertes si sobrevives esta noche-rugió observando como sus hombres lo ataban a un ancho tronco.

-Ismael, voy a recompensarte, pero nunca dirás nada de lo que sucedió hoy. No quiero que mis hombres me tengan pena.

-Lo juro, señor-sonrió el muchacho sin ver el cuchillo que sacaba un soldado a sus espaldas.

-Córtenle la lengua, debo asegurarme su silencio.

-Señor, perdón .Demetrio fue el culpable de todo, él quería que supieras acerca de la traición de tu amante, pero insistió en que no lo escucharías.-clamó tratando de soltarse de los dos hombres que lo sostenían.

-¡Procedan de una vez!-gritó enfurecido.

-Sí, Señor-asintió uno de los guardias abriéndole la boca al prisionero que gritaba desesperado.

-Y tú, querido-se dirigió a Orestes que no paraba de llorar. Partirás mañana al mercado de esclavos más cercano .Ya no quiero volver a verte.

-¡Soy un hombre libre!-exclamó Orestes mientras los soldados lo encadenaban.

-¿Quién lo dice? Traicionar a un Cónsul te vuelve siervo-acotó levantando los hombros sarcásticamente

-Vamos para Roma –ordenó con frialdad. Tenemos trabajo que hacer.

-Ha sido vilmente engañado, te arrepentirás, Marcio. Siempre te amaré-sollozó Orestes cayendo sobre sus rodillas.

-Señor, disculpa mi intervención. Tal vez deberías interrogar a otros esclavos antes de irte-sugirió el Comandante del grupo.

-¿Acaso no escuchaste mis órdenes?

-Perdona, Señor. Soldados, partimos-exclamó con tristeza observando caminar a un encorvado Marcio.

Marina se levantó cerca de mediodía y se enteró todo lo que había ocurrido el día anterior. Su hijo más pequeño había estado muy enfermo y prácticamente no había salido de su casa.

-Debo hablar con el amo-exclamó corriendo hacia la casa sin hacer caso a la molesta llovizna que no paraba de caer. Según escuché, Demetrio murió, así que ya nadie podrá dañarme.

-Por favor, llame a Marcio -rogó al nuevo mayordomo una vez frente a la puerta de la villa.

-Se fue temprano a Roma y no se sabe cuándo regresará-respondió el siervo

-¿Orestes?-preguntó temblando.

-Salió esta mañana para el mercado de esclavos. El amo autorizó que enterrara a su amante y enseguida partió. Seguro ya sabes lo sucedido.

-Son mentiras, no era su amante. Y ahora por mi cobardía la tragedia ha invadido esta casa-sollozó tirándose en el piso mojado por la lluvia.

Lejos de allí, un lívido Marcio dirigía a su gente hacia la principal ciudad del imperio. Ni una sílaba salía de su boca, y sus ojos parecían guardar todo el hielo del próximo invierno.

-Señor, cúbrase. La lluvia está aumentando.

-No es necesario. Gracias por preocuparte. Regresa a tu puesto-ordenó con frialdad.

-Está bien –asintió el Comandante sin insistir pesando que   de cualquier forma, el Cónsul ya no podía morir otra vez. Un relámpago cruzó el cielo, e iluminó a la fantasmagórica figura de Marcio que parecía no sentir nada.

Roma los esperaba otra vez. Y esta vez, no estaría Orestes esperando su regreso.

Marcio se cubrió el pecho con su capa y pasó un dedo por los ojos, la copiosa lluvia impedía su visón. Lo extraño, era que el agua, parecía provenir de sus ojos.

Capitulo XI

 Orestes siguió a la fila de esclavos sin decir una palabra, aun cuando su corazón estaba hecho trizas.

-De todas mis desgracias, lo que más lamento, es la desilusión que Marcio tuvo por mi causa. ¿Cómo pudo pensar que haría algo así después de todo lo que vivimos juntos? Y lo peor, ¿cómo pude confiar en Demetrio?-sollozó sentándose en la inmunda celda junto a su compañeros de desgracia.

-Deja de llorar, o te debilitarás-lo aconsejó uno de los cautivos acomodándose a su lado. Tendrá suerte, eres muy delicado y por lo que te he escuchado hablar tienes una gran cultura. Conseguirás un buen hogar.

-Gracias tus palabras, ojalá estés en lo cierto, de lo contrario huiré en cuanto tenga oportunidad...

-Eso dicen todos, algunos lo intentan pero la mayoría son atrapados y devueltos a sus hogares. No suelen terminar muy bien. Lo mejor es conformarse a su suerte.

-Prefiero morir a ser esclavo, siempre fui un hombre libre. No me acostumbraré a las cadenas.

-Casi todos los que estamos aquí lo fuimos. Cuídate-se despidió el esclavo al ser trasladado por los guardias a otra habitación.

-En poco rato comenzará el remate.Osfrán tiene muchas expectativas por aquel pelirrojo. Parece que fue el amante de un Cónsul Romano, y sabe leer y escribir perfectamente- murmuró un guardia señalando a Orestes.

-¿Por qué lo vendió?-preguntó el compañero.

-Traición. Lo encontró con otro.

-Vaya, algunos individuos no saben aprovechar lo que tienen-suspiró enviándole a Orestes una compasiva mirada.

-Señores, ya vamos a comenzar –se acercó Osfrán rápidamente. Dejemos para el final al amante del romano, será mi broche de oro. Espero obtener unos cuantos sestercios por él. Eh, tú, ¿Cuál es tu nombre?

-Orestes, Señor-respondió cansadamente.

-Los guardias te llevarán a asearte un poco, pronto saldrás al estrado de ventas. Trata de cambiar esa cara de amargura, o tendré que darte unos buenos latigazos a ver si te alegras... Aunque debo tener cuidado, no quiero marcar esa delicada piel u obtendré menos dinero-indicó el mercader.

Rato después, la subasta dio comienzo, y uno a uno los presentes fueron llevándose a los esclavos. Finalmente, llegó el turno de Orestes, que prolijamente arreglado, y pese al cansancio, lucía sin ningún deterioro la prestancia que lo caracterizaba.

-Ahora, queridos Señores, tengo para ustedes algo fuera de lo común. Una belleza sin precedentes, que además, sabe leer y escribir. ¡Una verdadera joya!-exclamó Osfrán indicando que trajeran al antiguo amante de Marcio Para todos, ustedes, el agraciado Orestes-gritó con todas sus fuerzas. Escucho ofertas…

-Mil sestercios –gritó alguien del público.

-¿Es un chiste?-preguntó el mercader produciendo la risa de los presentes. Creo que no escuchaste sus condiciones.

-Dos mil-gritó otro.

-Vamos mejora, pero no suficiente. Este joven fue amante de un Cónsul romano ¡Imaginen el placer que debe producir estar a su lado!-insistió Osfrán.

-Cinco mil –se escuchó a lo lejos.

-¿Alguien que sepa apreciar de verdad la hermosura de este joven? A la una, a las dos,..

-Cómpralo, cariño. Será un excelente mayordomo en nuestra casa-comentó una exuberante mujer a su anciano esposo.

-¿O un gran amante para ti, Candelaria?-sugirió el hombre. Conozco tus gustos y el motivo porque tenemos que cambiar seguido de esclavos. Te aburres con mucha facilidad.

-Nos divertiremos mucho con él, querido esposo. No seas tonto. Y será un buen agasajo cuando nos visite el Emperador, sabes su predilección por los hombres delicados como este.

-Está bien, te daré el gusto y lo compraré. Quince mil sestercios-exclamó el hombre.

-Vaya, vaya-sonrió Osfrán satisfecho. Al fin una persona que conoce una obra de arte en cuanto la ve. ¿Alguien más? Uno, dos... Bien, creo que nuestro bello Orestes irá con el Señor Aníbal y su exquisita esposa-señaló el entusiasta vendedor al matrimonio.

-Dieciocho mil –se sintió que alguien gritaba causando la admiración de los presentes.

El auditorio estalló de emoción y enseguida, un silencio sepulcral se instaló en el sito. El comerciante tragó, y tras esperar un segundo fue a dar por terminada la oferta cuando escuchó la gangosa voz de Aníbal.

-Diecinueve-exclamó festejado por los aplausos de Candelaria.

-¿Alguien sube la oferta?-preguntó con una sonrisa que iba de oreja a oreja. Bien, vendido al noble caballero y su señora. Nos vemos a la próxima semana-titubeó deseoso de no seguir tentando a la suerte.

Aprovechando que Aníbal arreglaba la compra, Candelaria se acercó seductoramente a Orestes y le acarició el pecho con la palma de una mano.

-Eres realmente muy hermoso, el hombre más excitante que conocí en mi vida .Si me satisfaces serás muy feliz en tu vida-sonrió dirigiendo las caricias hacia el rostro del joven. ¡Mírame cuando te hablo!-grito de pronto contemplando la inexpresiva mirada del joven.

Orestes suspiró, y obedeció sin responder, causando una dulce sonrisa en los filosos ojos de su nueva ama.

-Eres muy rebelde, será algo verdaderamente excitante domarte-sonrió posando sus delicados labios sobre los del esclavo.

-Deja eso para después-comentó Aníbal llegando hasta el lugar .Ahora debemos irnos, tengo un importante reunión en el Senado. Ya tendrás tiempo de divertirte. "Y no lo exprimas totalmente, yo también deseo aprovechar mi compra"-musitó cuando nadie podía escucharlo.

-Así lo haré, pero antes, le daremos unos días para que se acostumbre a la casa. Luego, comenzará su verdadera tarea-asintió la mujer siguiendo a su esposo.

-Sígueme –ordenó enseguida quien parecía ser otro esclavo llevándolo hacia un carruaje donde yacían esposados algunos hombres más.

Orestes se acomodó a un costado, y comenzó a observar con curiosidad el enorme gentío de la ciudad. Cuando la había visitado con Marcio, casi no había salido del palacio, por lo que todo le resultaba sorprendente.

-Debo atender bien por donde vamos, así poder huir con mayor facilidad-reflexionaba observando con desilusión como la carreta iba dejando la ciudad para adentrarse por desconocidas zonas verdes. Agotado por las peripecias vividas, y la angustia de la incertidumbre, Orestes se apoyó sobre el heno que cubría el suelo de la carreta y se quedó dormido.

-Hola-lo saludó un joven moreno apenas descendieron en la puerta de la casa de sus recientes compradores. Iba conversar contigo en la carreta pero vi que quedaste dormido y no quise importunarte. Soy Heleno.

Orestes se dio media vuelta con la idea de ignorarlo, pero finalmente resolvió atenderlo, conmovido por la mezcla de dulzura y temor que irradiaba el muchacho.

-*Es casi un niño, debe estar asustado. Mucho más que yo*. Mi nombre es Orestes –. ¿Cómo llegaste aquí?-preguntó buscando un tema de conversación.

-Mi padre se endeudó y tuvo que vender a dos de sus hijos. El comerciante nos eligió a mi hermana y a mí. Ella fue vendida en la subasta de ayer-recordó con naturalidad.

-Cuanto lo siento -adujo Orestes.

-Es algo común-respondió el joven con tristeza. Por lo menos comeré todos los días.

-Me alegro lo tomes de esa forma-asintió callando para escuchar las directivas del amo.

La primera semana paso con tranquilidad y Orestes se fue acostumbrando a la rutina de la mansión. Varias veces en las noches se acordaba de Marcio, hasta que al final se preguntó si el Cónsul lo había amado realmente o todo era producto de su imaginación.

 En sus horas libres, solía sentarse con Heleno, y compartí los planes para su próxima huida.

 -Te llevaré conmigo, y serás libre otra vez-insistía ante la condescendiente mirada de este.

-Estoy bien aquí, mucho mejor que en casa. No estoy preparado para vivir entre montes escapando de soldados-solía repetir al escuchar esa sugerencia. De cualquier forma, te lo agradezco.

-Como gustes, pero me cuesta comprender que te conformes con esta forma de vida-repetía Orestes pensado que tal vez más adelante este cambiara de opinión.

La luna brillaba en todo su esplendor en el momento que varios guardias se asomaron hasta la celda que compartía con Heleno. Desde que llegaron, los hombres habían permanecido juntos, mientras que los otros esclavos, habían sido llevados a compartimentos más lejanos.

-Heleno, los amos te requieren .Levántate-exigió uno de los tipos abriendo la celda.

-¿A esta hora?-bostezó el joven.

-Síguenos, pasaremos por los baños. Debes estar presentable, los amos tienen invitados-agregó sin dar ninguna explicación.

Orestes abrió los ojos y se levantó inmediatamente encarando a uno de los guardias.

-¿A dónde lo llevan?-preguntó

-.Al mismo lugar que iras en unos días. Vuelve a tu cama.

-"Me pareció escuchar que hay Invitados. Seguro debe servir la comida"- reflexionó Orestes ingenuamente volviendo a dormirse.

El gallo cantaba con fuerza cuando un silencioso Heleno regresó a la celda. Con los ojos llorosos, y la ropa hecha jirones cayó sobre su camastro. .Acomodándose con el rostro hacia la pared, cerró los ojos y sollozó.

- ¡Has regresado muy tarde! ¿Había mucha gente en esa fiesta?-comentó Orestes con curiosidad.

-Demasiada -respondió unos segundos más tarde.

-Imagino que tuviste mucho trabajo sirviendo -sugirió apoyándose sobre el codo para mirar bien a su compañero.

-¿Acaso eres tonto?-se dio vuelta al joven. No tuve que atender la comida, sino a los invitados de los amos. Fui violado varias veces por cada uno de ellos hasta que cayeron saciados de placer. Había otros esclavos, pero yo era el más requerido, quizá por mis rasgos exóticos o por ser el más joven, fui exigido en forma permanente

-Malditos –exclamó intentando abrazar el joven que no paraba de llorar. ¿Todavía insistes en quedarte?-susurró corriendo el oscuro cabellos de los ojos del joven.

-No lo sé, ahora déjame descansar-rogó.

-Como quieras-aceptó Orestes distinguiendo las manchas de sangre sobre el camastro. Un médico, ¡este hombre está herido! –gritó con todas su fuerzas.

-¿Para qué?- Siempre ocurre a los vírgenes, pasa en poco rato Y prepárate, la próxima te tocará a ti .Viene gente muy importante especialmente por conocerte. Aunque será más sencillo si como dicen, fuiste amante de un Cónsul. Tus partes íntimas deben estar acostumbradas a los "juegos amorosos" - sonrió el guardia con picardía coreado por los demás.

-Está decido, huiremos juntos. - susurró en las orejas del joven.

Noches después, y tal como había vaticinado el guardia, Orestes, fue llevado junto con Heleno para participar de una nueva fiesta que daban los dueños de casa. Cumpliendo con el mismo ritual, los hombres fueron trasladados a los baños y sus cuerpos perfumados con diferentes esencias. Apenas ingresaran al concurrido salón, Aníbal sonrió, y se acercó directamente a Orestes, señalando a Heleno un grupo de desnudas mujeres que le hacían señas.

-Queridos amigos, hoy tengo para ustedes una maravillosa sorpresa: El exquisito Orestes se unirá a nuestra reunión... Tendrán el privilegio de disfrutarlo por primera vez en nuestro hogar, ya que todavía no ha sido tocado por ninguna persona desde que llegó.

-Mi esposo quiso conservarlo intacto para ustedes, a pesar mío -acotó Candelaria haciendo un gracioso mohín. Así que disfrútenlo.

En cuanto la mujer dijo sus últimas palabras, varios de los presentes se abalanzaron sobre el esclavo, mientras otros prefirieron continuar con sus distracciones anteriores.

-Trata de complacerlos, o conocerás el rigor de los castigos de esta casa. Sigue el ejemplo de tu amigo Heleno, y tendrás una vida larga y feliz -sonrió Aníbal pellizcándole un brazo. Orestes cerró los ojos, y sin oponer resistencia, comenzó a recorrer los camastros espacialmente preparados para los visitantes.

-Sí, amo-masculló indiferente fingiendo aceptar la orden.

Poco después, Aníbal golpeó las palmas indicando silencio y anunció ceremoniosamente

-Los invito pasar al otro salón en la cual ofreceremos una lucha a muerte con dos esclavos comprados especialmente para este momento. Por favor acompáñenme-finalizó mientras los presente que quedaban sobrios lo aplaudían a rabiar.

-Aprovechare él momento y huiré, están todos distraídos con esta excitante lucha-susurró en oídos de Heleno. *Ven conmigo.*

-Tengo miedo, nos cazarán y torturarán.

-¿Acaso esto no es una tortura?-rezongó Orestes.

-Vete ya mismo, nadie espera que escapes. Hay un solo guardia en el establo, si deseas lo entretengo hasta que desaparezcas Sin duda, .esto no es para ti.

-Te matarán si se enteran que me ayudaste.

-Nunca lo sabrán, el guardia no se atreverá a confesar su error.

-De acuerdo, voy a buscar una vasija para llevar agua y corro para el establo-asintió separándose del joven, esquivando al pasar los cuerpos desperdigados por el suelo.

-¿A dónde fue tu amigo?- preguntó otro esclavo cruzándose delante de Heleno.

-No es mi amigo, y habrá ido a dormir, está agotado. Sal de mi camino, un invitado especial del amo me ha reclamado y no quiero hacerlo enojar. Te echaré la culpa si se fastidia – mintió siguiendo viaje para encontrase con Orestes, que lo esperaba escondido detrás de unos maderos.

-Está bien –gruñó el hombre abriéndole camino.

-Buenas noches – le sonrió seductoramente Heleno al guardia. Pensé que querrías tomar algo de vino, junto a un poco de diversión.

-No puedo, estoy de servicio.

-No seas tonto, nadie sospechará, juguemos un rato.

-Me extrañas que te hayas tomado la molestia de venir por aquí-comentó el hombre sospechosamente.

-Estaba aburrido. Tomaron demasiado y los que no fueron a disfrutar de la lucha, cayeron dormidos.

-Está bien, sígueme, pero será algo rápido-asintió el soldado tras dudar unos minutos.

-Por supuesto, yo debo regresar al salón en cuanto la pelea finalice-sonrió obedeciendo la orden.

Atendiendo el guiño que le hizo Heleno, Orestes recorrió el cobertizo eligiendo uno de los caballos que le pareció más potente.

-Buena suerte. Quizá algún día volvamos a encontrarnos en mejores condiciones-sintió la voz del joven que se había acercado para despedirlo.

-¿El guardia?-preguntó con curiosidad.

-Está tirado por allí. Le puse unos yuyos que provocan sueño, así que dormirá un buen rato. Vete, así vuelvo para el salón antes que me echen de menos. Adiós-le dieron un fugaz beso en los labios antes de perderse en la oscuridad nocturna.

-Cuídate-balbuceó como si este pudiera escucharlo.

Si demora, Orestes saco el caballo del establo y comenzó alejarse a toda velocidad   de la casa. Heleno mira su amigo perderse en la distancia, y tras reflexionar unos minutos entró al salón. El guardia no tardaría en despertar.

-Espero puedas lograrlo –suspiró sintiendo la pesada mano de un hombre sobre su cuerpo. Fingiendo una sonrisa, cerró los ojos y se perdió en el inconsciente, para poder soportar el resto de la noche.

-Corre, hermoso-murmuraba Orestes acariciando al veloz caballo. La libertad nos espera al final del camino. Como entendiendo las palabras s del joven, el caballo relinchó, y pareció volar bajo la pálida luna, que desde su altura, parecía sonreírles.

Capítulo XII

Sin casi darse tregua, Orestes cabalgaba velozmente intentando alejarse del sitio que tanto odiaba. Millas después, se detuvo frente a lo que parecía ser un pequeño arrollo y llenó su cantimplora de agua.

-Debo continuar y descansar durante el día, seguramente en cuanto abra los ojos, Aníbal advertirá mi ausencia y saldrá a buscarme. Pero no le será fácil atraparme- acotó el hombre.

Llovía copiosamente en el momento que los invitados comenzaban a marchar de la fiesta. Tal como Orestes había pensado, apenas el amo se despabiló lo llamó a su presencia.

-Orestes-gritó varias veces. Debo hablar contigo. Zulma, ¿has visto a Orestes?- preguntó a una vieja esclava.

-No señor-respondió la mujer. He permanecido en el salón toda la noche.

-Donde se habrá metido. Necesito encontrarlo con urgencia. Hoy vendrán grandes político y quieren conocerlo. ¡ORESTES!-volvió a exclamar.

-Señor, si me permite-interrumpió el esclavo que se había cruzado anteriormente con Heleno. Creo que podría tener información sobre lo sucedido.

-¿A qué te refieres?- gruñó Aníbal.

El esclavo narró con lujo de detalles todo lo que había visto, hasta que el amo quedo completamente satisfecho.

-Trae a Heleno y al guardia de la noche. Necesito tener una conversación urgente con ellos.

-Como ordene –sonrió ferozmente el sirviente saliendo para cumplir las órdenes de Aníbal.

Heleno se hallaba ordenando unos sillones cuando sintió la voz del traidor.

-El amo te llama. Parece que tu amigo Orestes desapareció en la noche y quiere saber si estás enterado que pudo pasar.

-Pierde el tiempo, no sé nada -susurró el joven escondiendo en una manga del chaleco el pequeño cuchillo que había robado en un descuido del guardia seducido la noche anterior.

-Buenos días –saludó ferozmente Aníbal. Imaginarás porque estás aquí. Este hombre afirmó antes de morir que tú lo engañaste para que Orestes huyera. ¿Qué puedes decir al respecto?

-No comprendo a que se refiere -fingió Heleno.

-Mentira –gritó el delator. Ayer los vi juntos, antes que Orestes desapareciera.

-Cállate-ordenó el amo. Pediré tu opinión si la necesito.

-Sí, señor.

-Entonces ¿qué tienes para decirme? Parece que te has quedado mudo, te daré unos minutos para que pienses y si no confiesas, sabrás lo que es bueno-insistió Aníbal conteniendo su paciencia.

 -Repito, ni siquiera estaba informado que Orestes había escapado- reiteró   sin inmutarse.

- Llévenlo al calabozo para que haga memoria, en un rato iré a buscarte. Guardias –gritó- salgan todos inmediatamente en busca del esclavo y tráiganmelo vivo. Quiero darle una buena lección delante de todos para que sepan lo que les ocurre a los fugitivos.

-Señor, llueve mucho, y el agua deben haber borrado las huellas.

-No me interesa, vayan y no regresen sin él.

-Como diga, señor-asintió el hombre.

-Tomaré un trago de vino antes de interrogar nuevamente a Heleno, estoy seguro que la bestia tiene información-hizo señas a una esclava para que le sirviera.

-Señor- entró corriendo un guardia-Pasé por la celda de Heleno y está muerto. Se cortó el cuello con un cuchillo.

-¡Estúpidos!¡Cómo no fueron capaz de ver que tenía un arma! Asegúrense bien de que ha fallecido y córtenlo en pedazos para dárselo como comida de perros-vociferó. Espero que mis hombres encuentren a Orestes, ya que ahora no tenemos ningún dato.

La niebla cubría los bosques en el momento en que el esclavo se detuvo a descansar .Agotado, sin víveres ni agua había decidido seguir un trecho a pie para alivianar a su también cansado caballo. Estaba sentado sobre una roca cuando le pareció que el suelo temblaba.

-Soldados, pensé que con la lluvia no vendrían pero me equivoqué .Huye - golpeó al alazán. Creerán que escapo y lo seguirán, dándome tiempo a esconderme -susurró saltando tras unos altos arbustos.

Apenas había terminado de ocultarse, cuando un contingente de hombres pasó por el camino casi al lado suyo.

-¡Allá adelante va su caballo-gritó uno de ellos señalando las frescas marcas sobre el barro ¡Vamos rápido!

-Justo a tiempo –reflexionó el joven cerrando los ojos para descansar, sin poder evitar dormirse.

-Levántate -sintió que algo pinchaba su espalda. Pensaste que nos engañarías pero no lo lograste. Tú caballo se detuvo más adelante a pastar y supusimos que no estarías muy lejos. Es hora de regresar a casa.

-Antes muerto-grito Orestes saltando para huir, cuando sintió un golpe en la cabeza, y todo a su alrededor comenzó a oscurecer.

-Él muy estúpldo, casi logra burlarnos- exclamó un soldado arrastrándolo pro el fango.

-Vaya, vaya-escuchó Orestes retumbar a una conocida voz mientras un chorro de agua fría caía sobre su rostro. El esclavo prófugo. ¿En verdad pensaste que escaparías de mí?-comentó Aníbal.

-Mátame. Prefiero la muerte a seguir en esta maldita casa repleta de degenerados.

-Pues eso es lo que harás. Trabajarás día y noche hasta que desees no haber huido jamás.

-Ni lo sueñes, basura-lo escupió Orestes recibiendo un golpe como respuesta.

-No querrás tener el fin de tu pobre amigo Heleno.

-¿Qué hiciste con él? Nada tenía que ver conmigo.

-Yo no hice nada. Él prefirió quitarse la vida antes que ser triturado en pedacitos. ¡Pobre joven!

-Estás mintiendo -rugió Orestes.

-Los perros engordaron demasiado con su carne, estaba bastante robusto.

-Eres una escoria humana, voy matarte. –gritó el prisionero tirándose sorpresivamente sobre el cuello de Aníbal.

-Ayuda-exclamó este sintiendo que le faltaba el aire, cuando tomaron de los hombros a Orestes, y tirándolo hacia atrás, le dieron varios azotes en la espalda.

-Animal –exclamó Aníbal tocándose el cuello. Te daremos algún polvo que te tranquilice, o será imposible que complazcas a nuestros amigos.

-De ningún modo-declaró Candelaria entrando en ese mismo momento. Es un siervo muy peligroso, podría causar daños irrecuperables. Y adormecido, no serviría para mucho.

-¿Qué sugieres, querida?-preguntó el hombre.

-Véndelo, trata de recuperar algo de lo que gastamos .Pero llévalo a lo de Seleno, él se dedica a vender esclavos para minas y galeras .Será un buen castigo para este infame.

-Cualquier cosa será mejor que dormir con perras estériles como tú-respondió a la muejr.Temblaba de asco pensando en el momento que me llamaras a tu servicio y tuviera que acariciar tus flojas carnes -rugió enfrentándose a la mujer.

-Cállate –grito Aníbal-golpeándolo nuevamente. .Denle cien latigazos y en cuanto se reponga lo llevaremos al esclavista. ¡Obedezcan!-exclamó el hombre castigando una vez más a Orestes. ¡No sé porque te hice caso y compre a esta bestia!-vociferó dirigiéndose a su esposa.

-Debes reconocer que parece un ángel, aunque en verdad sea un demonio. Ahora verá lo que es bueno- susurró la mujer mirándolo irónicamente. ¡Llévenselo!

Marcio llegó a su casa y se dirijo rápidamente a los baños. Se había quedado más tiempo de lo pensado en Roma, recurriendo a placeres citadinos y batallas para borrar el rostro de Orestes que se negaba a abandonarlo.

-Creo que en excedí, el dolor del brazo se ha vuelto insoportable. Luego pediré al médico algún ungüento que en calme-susurró observando a la esclava que se acerba rápidamente.

-Señor al fin llegas- Necesito hablar contigo con urgencia-exclamó Marina.

-Ahora, no mujer, recién llego y estoy cansado.

-Se trata de Orestes-exclamó al ver que Marcio se retiraba sin escucharla.

-¿Quieres ser azotada, verdad? Sabes que ese nombre está prohibido en esta casa.

-Te lo ruego, Señor. No puedo vivir con esta culpa en mi conciencia –insistió Marina tirándose a los pies del hombre.

-No comprendo a que te refieres.

-Él no te mintió, tampoco el pintor. Demetrio fue el causante de todo. Quiso acostarse con tu esclavo y cuando se negó, inventó toda una tramoya para inculparlo.

-*"Ahora recuerdo que Orestes encerró al esclavo y no me quiso explicar el motivo"*

-Yo escuché con mis propios oídos decirle al pintor que tú eras su vida, su verdadero amor, y que jamás te dejaría. Te lo juro por mis hijos.

-¿Por qué no hablaste antes?-preguntó Marcio.

-Quise hacerlo, pero Demetrio amenazó con asesinar a mi familia. Cuando me enteré que el traidor había muerto, tú ya habías partido.

-¿Cómo puedo saber que no mientes?

-No tengo motivo para hacerlo Estoy arriesgado mi propia vida al contártelo ahora, quizá quieras venderme, o matarme por no haber hablado antes.

-¿Dónde están tus hijos ahora?-peguntó Marcio.

-En nuestra casita, es la última cerca del río. ¡Pero ellos no tienen nada que ver con lo sucedido!

-Lo sé, fuiste muy valiente al confesarme todas estas cosas. Serás recompensada, te daré una vivienda nueva y ocuparás la supervisión de todos los esclavos domésticos.

-Gracias, Gran Señor, pero no lo hice por la recompensa .Quería ayudar, aunque quizá sea un poco tarde... ¿Qué harás ahora?

-Preguntaré donde lo llevaron y saldré a buscarlo. El odio y los celos me cegaron. Hay muchas cosas que debo rectificar, si los Dioses perdonan mi injusticia.

-Lo harán, eres un hombre bueno. El creerte traicionado por quien tanto amabas te cegó. Seguro estás a tiempo de recobrar tu vida y la de Orestes.

-Eso espero. Daré la orden de tu traslado e intentaré averiguar dónde lo llevaron exactamente -se despidió el hombre en busca de sus guardias.

-Que los Dioses te acompañen –susurró la mujer secándose las lágrimas.

-Ruégales para que se encuentre con vida, y pueda perdonarme el daño que le causé -exclamó disgustado. Soldado, ¿a qué esclavista entregaron a Orestes?-preguntó al ver a uno de los hombres que habían llevado vender a su amante.

-Osfrán, como indicaste -respondió este sorprendido por la pregunta.

-Salimos inmediatamente, necesito recobrarlo.

-No comprendo, Señor. Querías alejarte de ese hombre a como diera lugar.

-Me equivoqué .Fui vilmente engañado por Demetrio, ahora necesito hallarlo y traerlo de regreso.

-Prepararé todo y partiremos en breve. Con permiso-añadió el hombre.

Osfrán se hallaba terminado una transacción cuando el Cónsul llegó a su negocio.

-Gran señor –saludó meloso. ¡Qué placer trae tu presencia a mi humilde morada! ¿Deseas a vender o comprar?

-Ninguna de las dos cosas, estoy buscando a un esclavo que trajeron mis hombres hace cerca de dos meses. Un joven de cabello cobrizo, ojos color miel, y estatura mediana. Necesito saber su paradero con urgencia.

-No recuerdo a quien te refieres, pero tengo complacientes jovencitos por aquí. Si me acompañas te mostraré…

-Veo que no comprendes-lo miro con dureza. Quiero a ese esclavo, no otro…

-Déjame hacer memoria -acotó el hombre pensando que provecho podría sacar de esa información.

-¿Crees que este dinero te devolverá los recuerdos?-insistió tirando una importante cantidad de monedas sobre su mesa.

-Ahora que lo mencionas, el lanista Aníbal lo adquirió a pedido de su esposa. Quedó prendada del joven.

-Conozco a esa gente .Partiré ya mismo.

-Señor, la noche ya se asoma .Quédate en mi posada hasta mañana-rogó el comerciante.

-¿No pierdes tiempo en hacer negocios, eh, Osfrán?

-Puedes pernoctar gratuitamente .Has sido muy generoso conmigo.

-Seguiré tu consejo. De nada valdría que me ataquen en la noche y perder mis hombres.

-Sígueme, tendrás la mejor habitación. Y llevaré a tus guardias a un galpón de primer nivel, con la mejor comida posible para ellos y sus caballos.

-Mi custodio personal viene conmigo-advirtió con severidad.

-Por supuesto, Señor. Como desees.

-Hora de marchar. No deseo perder ni un solo minuto del día- ordenó Marcio a sus hombres antes de ver brillar el sol.-

Aníbal sonrió servilmente cuando vio asomarse a Marcio y su contingente.

-Tú presencia me honra, Cónsul Marcio Tulio. ¿Vienes en busca de placer?- exclamó el hombre reconociéndolo.

-En realidad estoy aquí por otro motivo. Hace casi dos meses compraste un esclavo que había sido mío. Te daré el doble de lo que pagaste si me lo reintegras.

-¿A quién te refieres?-fingió el lanista.

-Lo sabes bien –respondió Marcio descendiendo del caballo. Orestes.

-Es verdad. Lamentablemente tuvimos que venderlo, era muy rebelde, incluso intentó matarme.

-¿Qué quiste hacerle, basura? ¡Él es incapaz de asesinar por gusto!

-Mi Señor, esto es un ludus y centro de diversión para importantes personalidades, tú lo desechaste y yo lo compré. Era mi esclavo y debía servirme .No quiso hacerlo y huyó, al regresar se violentó con nosotros y no tuve más remedio que venderlo .Comprenderás que era muy peligroso, además queríamos recobrar algo de nuestra inversión. Salió muy caro...

 -Osfrán no comentó que lo hubieras devuelto-recalcó pensando que Aníbal buscaba engañarlo.

-Porque lo llevamos con Selene, es un esclavo muy belicoso, estaría mejor en una mina o galera.

-Pues te diré algo-lo zamarreó con fiereza. Si algo le ha sucedido a Orestes volveré y confiscaré tu negocio.

-Señor, ¿qué hubieras hecho con un esclavo que intenta asesinar a tu familia?- suplicó el lanista.

-Espero por tu bien que no hayas mentido. Sigamos. El tiempo apremia-ordenó a sus hombres marchando en busca de Selene.

-¿Era ese el Cónsul Marcio Tulio?-preguntó Candelaria acercándose a su esposo.

-Exactamente. Creo que me apresuré a vender a Orestes. El Cónsul está dispuesto a pagar mucho dinero por recobrarlo-comentó a su esposa.

-¡Qué raro! ¿Te comentó el motivo?

-No, tampoco insistí. Ahora ese joven está fuera de nuestra órbita-concluyó brindándole un brazo a su esposa para regresar a la casa.

-Una pena –murmuró la mujer siguiendo su marido.

Capitulo XIII

Orestes caminaba otra vez tras las fila de esclavos, intentando resignarse a su suerte. Presentía que ya no había futuro para él, su destino estaba marcado. Con seguridad lo enviarían a las galeras o las minas, donde acabaría su desgraciada vida.

-Todavía no puedo creer en que me he convertido. .Alcanzaron unos pocos meses para que toda mi existencia se destruyera por completo, desde que conocí a Marcio lo he perdido todo. Quizá, ha sido un castigo de mis ancestros por haberme enamorado de un romano. Aun así, no reniego de su amor -pensaba sorprendiéndose por el lamento de un niño de aproximadamente diez años.

-Déjame buscar mi caballito -insistía el chico a su padre que intentaba arrastrarlo hacia un elegante carro.

-Te conseguiré otro –repetía este preocupado, el sol ha comenzado a picar, y no es bueno para tu salud, la nariz puede comenzar a sangrar otra vez.

-No quiero otro, ese fue el que me dio mamá antes de morir.

Orestes iba a continuar su lenta marcha cuando vio un objeto brillante sobresalir de la arena. Agachándose rápidamente lo tomó entre sus dedos y sonrió, sin duda era el juguete que buscaba el chico.

-Seguro se le cayó, y algún distraído lo pateó. Se lo alcanzaré, así, deja de llorar -suspiró dirigiendo su voz al sitio donde estaban el chico y su padre.

-¿Acaso es esto lo que buscas?-exclamó levantando su encadenada mano

-Si-respondió este entusiasmado acercándose hasta Orestes. ¿Dónde lo encontraste?

-Aquí en la arena, quizá alguna persona lo empujó sin darse cuenta-añadió el esclavo.

-Tiene un mensaje de mi madre, por eso lo quería –sonrió el chico mostrando las letras en el lomo del juguete.

-Vesta es un hermoso nombre, la Diosa del hogar y la familia. Debes ser muy feliz junto ella.

-Murió al nacer mi segundo hermano. Este juguete es muy importante para mí. Así que sabes leer-comentó el chico cambiando de tema inesperadamente.

 -SI. Aprendí de niño. E imagino que tú serás buen lector.

-No me gusta estudiar. Además tengo una enfermedad en la sangre que no me puedo golpear porque sangro mucho. Estuve al borde de la muerte en varias oportunidades-explicó con seriedad.

-Con más razón, deberías aprovechar esos tiempos de reposo para leer a los grandes maestros de la antigüedad. La lectura enriquece, y te servirá como distracción en momentos de enfermedad -insistió Orestes.

 -Aqueo, aquí estas-exclamó el padre corriendo hacia su hijo. ¡Casi enloquezco, me di vuelta y ya no te vi más!

-Atrás bestia -empujó un soldado a Orestes con su lanza. ¿Te hizo daño?-se inclinó el guardia hasta quedar a la misma altura del niño.

-¿Daño? Al contrario, encontró mi juguete y me explicó el significado del nombre de mi madre. ¡Papá, quiero que sea mi maestro!

-Tienes un gran pedagogo en casa, ¿para qué quieres otro?

-Magnalio está muy viejo y no me tiene paciencia .¡Quiero a este hombre!-gritó caprichosamente el niño cruzándose de brazos.

-¿Realmente sabes leer?-preguntó el padre a Orestes.

-Y hacer cuentas. Aprendí cuando tenía la edad de tu hijo.

-Me extraña que hayas terminado en este mercader de esclavos que solo vende siervos de bajo nivel.

-Es una larga historia, en realidad, siempre fui un hombre libre.

-¿Crees que podrías enseñarle a Aqueo? ¡Es muy caprichoso!

-Solo si él lo desea, nadie aprende a la fuerza –sonrió corriéndose el transpirado cabello.

-Vamos-se acercó un romano golpeando a la larga fila. En breve comenzará la venta.

-Espera –ordenó el hombre. Soy Ariadno Mileto, primo lejano del Emperador Augusto. Quiero llevarme a este hombre.

-Deberás hablar con Selene. Creo que ya vendió el lote entero. Además, estos hombres son muy peligrosos.

- Yo decidiré eso, llévame con tu jefe Pagaré por este esclavo la mitad del precio de todo el lote.

-Vaya. A Selene le gustará escuchar tu propuesta. Ven por aquí-comentó el guardia pidiendo a su compañeros que esperaran.

-¿Estás seguro de tu decisión, noble señor? Estos hombres son forajidos-preguntó el asombrado mercader. No quiero cargos de conciencia.

-A mi hijo le gustó el hombre y quiero regalárselo.-sonrió mirando a Aqueo que continuaba conversando con Orestes. A mi pequeño no le queda demasiado tiempo de vida, deseo satisfacer todos sus deseos.

-De acuerdo. Es tuyo, en cuanto me pagues, puedes ir a buscarlo. Recuerda que te advertí sobre su condición.

 -Aqueo confía en él, y no suele entregar su amistad con frecuencia. Aquí tienes tu dinero.

-Les pediré que te lo preparen-asintió el dichoso hombre contando las monedas. Y buen viaje, Señor.

Adriano esperó que soltaran al esclavo y en seguida, lo guío hasta el carro en que viajarían.

-Vinimos a esta ciudad en busca de un médico muy famoso que me dijeron mejoraría a mi hijo. Fue inútil, dijo que su enfermedad no tenía cura-. Pero milagrosamente, dio contigo, y eso lo hizo sonreír otra vez - le comentó Ariadno como si fuera un viejo conocido.

 -Aqueo me lo dijo, pero solo los Dioses saben cuánto durará la vida. No te mortifiques. Él te ama y ha aceptado su enfermedad .Pero le gustaría que tomaras otra esposa. No desea dejarte solo cuando parta hacia el viaje eterno.

-No sé cómo lo hiciste, jamás he logrado que toque ese tema con nadie. Y tú, un esclavo que recién conoce…

-Los caminos que se nos presentan son muy extraños. Hasta hoy no comprendía porque me tenía que pasar todo esto, ahora lo entiendo, tenía que encontrarme con ustedes y ayudar a tu hijo.

-Eres sabio, esclavo, serás una buena compañía para Aqueo. Todavía no me has dicho tu nombre.

-Orestes, Señor.

-Llámame Ariadno.Y ahora acompáñame, te daré agua y te sentarás a mi lado. Deseo escuchar tu historia, es claro que no eres un siervo ordinario.

-Vamos, hijo-exclamó llamando al niño que se encontraba jugando con su caballito bajo un árbol.

-Voy-obedeció sin protestar ubicándose entre su padre y Orestes..

Marcio llegó días después a la ciudad donde residía el mercader y envió a uno de sus hombres de más confianza en busca de Selene.

-Vive cerca de los muelles. Es más fácil para él vender su mercadería. -respondió el mensajero. Debemos apurarnos si queremos llegar antes de que anochezca.

-Quédense aquí descansando, iré solo .Nadie me conoce en este lugar, por lo tanto no corro peligro-murmuró quitándose la armadura.

-Te acompañaré. Como dijiste, en este lugar, aquí nadie sabe quién eres, y podrían querer robarte- afirmó su custodia personal.

-Gracias, Silvio No olvidaré tu amabilidad -sonrió Marcio.

-Es un honor servirte -afirmo el aludido bajando la cabeza con humidad.

-Allí es- acotó Marcio señalando el recinto en que Selene realizaba sus negocios. Cumple con las indicaciones que nos dieron.

-De cualquier forma, esperaba algo más decente -añadió Silvio. Parece un tugurio mal oliente.

-Debe ser un hombre muy miserable- coincidió Marcio entrando al lugar. Buenas tardes, Soy el Cónsul Marco Tulio y he venido en busca de un esclavo.

-¿Uno solo?-Tengo cientos, y generalmente los vendo en lote.

 -Pero yo solo necesita uno, y te lo pagaré como un lote. Su nombre es Orestes, y tiene una bella apariencia. Vino de los ludus de Aníbal.

-Recuerdo a ese esclavo-comentó el hombre rascándose la corta barba. Y lo vendí hace como una semana a un noble con el hijo enfermo. El niño se encaprichó con el esclavo y su padre se lo regaló. Es curioso, al igual que tú, ofreció una buena suma por él.

-¿Podrías darme el nombre y la dirección de esa persona?

-Lo lamento. Solo lo vi esa única vez, nunca lo había encontrado antes por aquí.

-¿Estás seguro?-insistió Marcio. Puedo pagarte muy bien por la información

-Lo estoy, te lo diría si lo supiera. Creo que estaba de paso buscando un médico para su hijo.

-Bien .Me quedaré en la afueras de la ciudad por tres días. Si recuerdas algo, por mínimo que sea, avísame. Como te dije, tendrás una buena recompensa.

-De acuerdo, pero dime una cosa, ¿Qué tiene ese esclavo para ser tan especial?

-En mi caso es casi un mimbro de mi familia, en la persona que lo compró no lo sé.

-¿Y cómo fuiste capaz de venderlo? Un Cónsul, seguro no te falta el dinero.

-Digamos que fui un estúpido-afirmó ante el estupefacto comerciante

-Puedes estar tranquilo, te avisaré si tengo novedades-asintió este sin insistir más en el asunto.

-Gracias –asintió este indicando a su compañero que se marchaban.

-Señor-exclamó Silvio horas después de cumplirse el plazo dado a Selene. ¿Qué hacemos ahora?

-Nos vamos -ordenó Marcio. El mercader ya no vendrá.

-¿Hacia dónde marchamos?-preguntó el custodia...

-A casa. Enviaré cartas y dibujos a todos lados ofreciendo una gran suma por cualquier información sobre su paradero... Es lo único que me queda-asintió con tristeza. Parece que se lo tragó la tierra.

-Avisaré a los soldados para que se vayan aprontando-asintió Silvio.

Ariadno caminaba por los jardines con su nueva esposa disfrutando la felicidad que demostraba su hijo.

-Hacía mucho tiempo que no estaba tan contento, ese esclavo le cambió la vida.

- Lo conozco poco todavía, pero comparto tu impresión –asintió la mujer.

El hombre a seguir conversando, cuando un esclavo llegó corriendo con lo que parecía ser una inesperada carta.

-Señor, llegó esto. El mensajero espera respuesta.

--Entrégamelo ya mismo -asintió palideciendo al ver el rostro de Orestes dibujado en la hoja. Lo siento, dile que no conozco a la persona que están buscando. Y dale unas monedas por la molestia de venir hasta aquí.

-Como ordenes, amo.

-*Perdona, amigo. Pero no puedo permitir que te vayas. Mientras mi hijo viva, debe estar con él. Luego te daré la libertad y te diré que el Cónsul te busca, seguramente arrepentido de su locura*-reflexionó Ariadno con tristeza.

-¿Quién era?-preguntó la mujer sin demasiado interés.

-Un hombre buscando a un esclavo fugitivo, pero nunca lo ví.Continuemos con nuestro paseo –sonrió Ariadno tomando del brazo a su esposa.

Una nueva madrugada encontró a Orestes y Aqueo sentados bajo un frondoso árbol aprovechando la brisa primaveral. El chico le había comenzado a leer a su amigo un poema que había escrito por la noche, cuando repentinamente, comenzó a sangrar por la nariz.

-Vamos adentro, debo avisar a tu padre para que llame a un médico.

-No es necesario, en poco tiempo parará como siempre-intentó convencerlo Aqueo.

-Está bien pero si aumenta, haremos lo que yo digo.

-De acuerdo, pero primero terminaré de leer-indicó el niño.

-Sigue -sugirió Orestes intentando parecer tranquilo.

-*"Ha aparecido un extraño moretón en el cuerpo, si veo otro lo alzaré y llevaré a la casa "*–pensó justo en el instante que el niño se tomaba la cabeza con las dos manos y apretaba los ojos.

-No puedo más de dolor, estoy desesperado-gimió Aqueo.

-Llama a su padre. Que busque rápidamente un doctor - gritó a un esclavo que merodeaba cerca de ellos.

-Toma, amigo. El caballito por el cual nos conocimos Quiero que lo cuides si me sucede algo-susurró Aqueo sacando de un bolsillo el pequeño juguete.

-No digas eso, ¿Qué haré sin ti? ¡Eres lo único que me queda!-sollozó observando como el padre del niño corría hacia el sitio seguido de otro hombre.

-Aguanta, hijo. Aquí esta él Doctor-sollozó Ariadno apretando al chico entre sus brazos.

-Fuiste un gran amigo, el mejor-se dirigió el niño a Orestes cerrando sus ojos para no volver abrirlos.

-No te vayas, querido, por favor-lloraba este mientras el médico lo empujaba hacia atrás para poder revisar al paciente.

Esa misma noche, Aqueo partió para el viaje del cual no se regresa. Su padre cayó en un profundo dolor que ni siquiera la promesa de un próximo hijo podía calmar. A su vez, Orestes transcurría sus días caminando por la oscura casa como un alma en pena, guardando contra su pecho el juguete que le había dado su amigo.

-Como te extraño, querido Aqueo. Ni te imaginas.

-Orestes , el amo desea hablar contigo. Te espera en su despacho con la caída del sol.

-Allí estaré. Seguro me indicará mis nuevas tareas, su esposa espera familia para dentro de unos meses, y me querrá como el maestro de su nuevo hijo - reflexionó el joven sin imaginar que Ariadno pensaba darle su libertad.

El esclavo se hallaba sentado en uno de los sitios preferidos por Aqueo cuando contempló el gran cortejo que se asomaba a la casa. Un lujoso carruaje con un importante contingente de soldados que lo resguardaba llegó hasta a la mansión y se detuvo en la puerta.

Con curiosidad, Orestes caminó hasta el lugar y comprendió lo que sucedía. Augusto, el poderoso Emperador, se había acercado a visitar su pariente. En cuanto el hombre descendió el carro, sus ojos se cruzaron, y ante la incredulidad de los presentes, se dirigió a Orestes.

-¿Qué haces aquí?-pregunto con curiosidad. ¿Está Marcio contigo?

-Lo compré como maestro para mi hijo, y se convirtió en uno más en nuestra casa-acotó el hombre estupefacto por el reconocimiento del Emperador a su sirviente. Bienvenido, Gran Señor-respondió Ariadno indicándole a Orestes que se marchara.

-Gracias .Lamento lo ocurrido-exclamó abriendo los brazos para recibir al hombre... *"Necesito hablar contigo sobre este esclavo. Era el amante muy querido de un importante Cónsul. No entiendo como terminó aquí pero quiero comprártelo*-susurró sosteniendo a Ariadno contra su cuerpo.

-Te dije que mi difunto hijo se encaprichó con él. Pensaba dejarlo libre, fue muy bueno para mi Aqueo.-confesó este. Sé que este aplaudiría mi decisión

-¿No escuchaste mis palabras?-repitió Augusto entrecerrando los ojos. Deseo llevarlo conmigo.

-Por supuesto, señor. Si tanto lo deseas tómalo como un regalo de mi casa. Puedes llevarlo cuando regreses a Roma-resopló Ariadno felicitándose de no haber hablado todavía con Orestes sobre su libertad. "Lástima Augusto lo vio antes de concedérsela. Pero nuestro destino ya está marcado"-intentó convencerse.

-Excelente, eres muy generoso. Pero entremos, quiero conocer a tu nueva esposa, sé que muy pronto volverás a ser padre. Estaba pensando en darte más tierras como regalo de casamiento, ya que seguramente ahora tu familia crecerá.

-Te agradezco por tu honorable obsequio .Augusto-respondió Ariadno cortésmente.

Esa noche, un entristecido Ariadno mandó buscar a Orestes deseoso de confesarle lo que había acontecido con el Emperador.

-Señor, enviaste por mí-comentó este entrando al despacho del amo.

-Si. Hay algo importante que debes saber. Siéntate, quiero que lo escuches de mi propia boca-pensó el hombre contándole la solicitud de Augusto, dejando de lado la noticia de que Marcio lo buscaba para no amargarlo más de lo necesario.

-No te amargues. Las órdenes del Emperador no pueden desconocerse .Quisieron los Dioses que estuviera fuera de la casa en el momento exacto que llegó.

- Me alegra que lo veas de esa forma. Augusto se encaprichó contigo en cuanto te vio, no pude hacer nada.

-Deja de angustiarte, lo entiendo. Pero quería hacer una pregunta, ¿qué ibas a decirme el día antes de la llegada del Emperador?

-Agradecerte lo que hiciste por mi hijo- -mintió Ariadno pidiendo mentalmente a Aqueo que lo disculpara.

-Quise mucho a tu hijo, soy yo el que debe agradecerte por confiar en mí y dejarme compartir estos días junto a tu familia- confesó llamándose a silencio al contemplar como el hombre rompía en fuertes sollozos.

-El te amó intensamente, aun cuando no tuvo mucho tiempo para disfrutar tu compañía. –gimió Ariadno secándose los húmedos ojos.

-El amor se mide por intensidad no por tiempo-respondió Orestes.Y si me autorizas, creo que es mejor que regrese a mi habitación a preparar mi equipaje-murmuró Orestes levantándose.

-Por supuesto, ve, querido amigo-susurró el hombre. "Y que los Dioses me perdonen por no haberte dado la libertad cuando pude hacerlo"-reflexionó Ariadno antes de regresar a reunirse con su real invitado.

-Fue una visita muy corta –comentó el dueño de casa al otro día despidiéndose de Augusto.

-No puedo quedarme más, Roma me necesita .Y deja de preocuparte cuidaré muy bien de Orestes-sonrió el hombre señalando al esclavo cómodamente sentado a su lado .Si obedece, tendrá una vida de príncipe.

-Seguramente así será-respondió este preocupado por las palabras del Emperador... Adiós, Orestes. Y gracias por todo.

 -Jamás los olvidaré Como ya hablamos, conocer a tu familia, especialmente al joven Aqueo, fue para ahí un honor.

-Mi hijo te quiso mucho, nunca lo olvides. Todos llegamos a amarte como uno más.

-Lo sé--sonrió acariciando el bolsillo de tela donde llevaba el regalo del joven.

-Dejen de lamentarse, en cuanto mis actividades lo permitan, volveré por aquí y Orestes vendrá conmigo. Avísame sobre el nacimiento de tu nuevo hijo-acotó el Emperador aburrido por la interminable despedida.

-Si señor-respondió Ariadno mortificado al recordar nuevamente que si no fuera por su tozudez, el joven estaría disfrutando su vida en brazos de Marcio.

."Espero que Augusto cumpla su palabra y trate bien a este hombre. Aqueo no me perdonaría si le ocurre algo grave" -suspiró observando a su esposa que le sonreía con la misma preocupación.

-Cumplirá su promesa, a nuestro Emperador le interesa el muchacho- afirmó la mujer tratando de infundirle ánimo.

-Eso espero-sonrió golpeando con calidez la mano de su esposa que presentía tanto como él, lo duro que podía ser Augusto cuando alguien no consentía sus caprichos.

Augusto levantó su mano una última vez, y enseguida el cortejo e perdió entre las verdes praderas. Orestes observó el reglo de Aqueo y sonrió con nostalgia. Quien sabe que lo esperaría a partir de ahora. Levantó el rostro, y enrojeció al comprobar la mirada del Emperador mirándolo pensativo.

Capítulo XIV

Augusto saludó a los guardias que lo esperaban en la puerta e inmediatamente entró al Palacio imperial.

-Ubiquen a Orestes en la habitación pegada a la mía-ordenó a uno de sus sirvientes domésticos.

-La gente murmurará, Señor-respondió este

-Creo que has olvidado con quien hablas-lo increpó Augusto.Y no vuelvas a contradecirme si tienes aprecio a su vida –acotó sarcástico.

-Pido tu perdón, solo quería protegerte - aceptó el hombre inclinándose inmediatamente.

-Ten cuidado –lo aconsejó un compañero .Ese joven es muy valioso para nuestro Señor. Hace tiempo se le escapó de las manos, no creo que ahora lo suelte. Sabes a que me refiero.

-Seguiré tu consejo-asintió el esclavo. Cometí una torpeza de recién llegado.

-Eso te salvó-sonrió su compañero reiterándose de prisa por si Augusto lo reclamaba.

Orestes descendió del coche y observó el magnífico sitio al cual jamás imaginó llamarlo su casa. En el ínterin, escuchó que uno de los guardias se dirigía a él, y se acercó obedientemente.

-Tienes la gracia de nuestro emperador, no la desperdicies –indicó el hombre con frialdad. Debes hacer todo lo que te pida.

El joven estuvo pro preguntar a qué se refería, pero prefirió mantener un sano silencio caminando detrás del guardia.

-Este será tu dormitorio-indicó el soldado deteniéndose frente a una de las tantas habitaciones del corredor. Augusto se encuentra a tu derecha. Podrás recorrer todo el lugar sin ningún tipo de problemas, pero si deseas visitar la ciudad deberá ser acompañado...Cualquier intento de salir solo será tomado como que deseas fugar y castigado severamente.

-Desconozco a la ciudad, ¿dónde podría ir?-preguntó sonriente.

- Debes saber que por ahora el Emperador no podrá atenderte. Tendrá la visita de varios funcionarios muy influyentes en el Senado y estará ocupado. Cualquier cosa que necesites, puedes solicitarlo a cualquiera de nosotros- acotó el hombre como si no lo hubiere escuchado. Buenos días.

Orestes sintió el portazo y comprendió que definitivamente tenía un nuevo amo. Luego de recorrer la pequeña pero cómoda habitación se tiró sobre el lecho deseoso de descansar y olvidar los últimos sucesos aunque sea por un rato...

-Es un lugar muy hermoso-sonrió tenuemente .Intentaré dormir un rato, han sido muchos acontecimientos inesperados en pocos días. Estaba cerrando los ojos, cuando sintió que alguien golpeaba la puerta.

-Adelante -exclamó.

-Permiso, el Emperador me pidió que te lleve a la cocina a recibir tu desayuno. Hablará contigo cuando se desocupe, y desea que seas muy feliz en este lugar.

-Gracias. Pero prefiero descansar un rato, estoy agotado.

-Son órdenes de Augusto-insistió el sirviente.

-Está bien. Iré contigo-asintió resignado. De paso, aprovecharé a recorrer esta maravillosa edificación.

La luna brillaba con todas su fuerzas cuando Orestes comprendió, que por fin, había llegado la hora de descansar. Había recorrido parte del magnífico sitio y sus ojos comenzaban a cerrarse del cansancio.

-Mañana iré por los jardines. Augusto ni se dará cuenta de mi ausencia ya que en los próximos días, estará muy atareado con tanto visitante ilustre.

Casi llegaba a su cuarto, cuando una extraña sombra se le atravesó en uno de los corredores del Palacio.

-¿Qué deseas?-preguntó saltando hacia atrás atónito por la sorpresa.

-Pensé que eras mi imaginación cuando te divisé de lejos, pero decidí acercarme para cerciorarme de mi error.

-Marcio-susurró Orestes. No pensé volverte a encontrar.

-Te he buscado por meses-respondió tomándolo de los brazos Comprendí mi estupidez al poco tiempo de regresar de Roma, pero ya no pude ubicarte, hablé con varios vendedores de esclavos, hasta fui a casa de Aníbal, pero ni una persona pudo informarme sobre tu paradero. . Encontrarte aquí fue un milagro.

-Debí imaginar que vendrías a la importante reunión del Emperador. Pero por algún motivo inexplicable lo borré de mi mente.

-¿Acaso también has borrado todo lo que vivimos juntos?

-Sabes que eso sería imposible, aunque me hubiera gustado –afirmó Orestes con tristeza. Te deshiciste de mi rápidamente, sin siquiera darme la oportunidad de justificarme.

-Me cegaron los celos, pero hablaré con el Emperador y te llevaré conmigo.

-Ceo que realmente has perdido la cabeza-comentó el joven sin notar la figura de Augusto que llegaba hasta ellos.

-Marcio. ¡Al fin te encuentro! Estamos esperando por ti-silabeó Augusto. Ya te encontraste con Orestes, fue una suerte que lo vendieras. Como le dije una vez, a mi lado ocupará a lado el lugar que le corresponde-acotó clavando su filosa mirada en los ojos de Marcio. Querido, ¿Qué hacías solo por aquí tan tarde?-se refirió inmediatamente al joven.

-Me perdí, Señor .Lo lamento.

-Guardias, acompañEn a Orestes a su habitación Yo iré con el Cónsul Tulio al salón principal. Los demás invitados nos esperan -sonrió pasando un brazo por la espalda de Marcio. Orestes-exclamó con voz firme como para que Marcio escuchara bien.

-¿Señor?-titubeo este.

-Mañana por la noche quedaré libre. Mandaré por ti en cuanto oscurezca.

-Como diga –respondió este con humildad percibiendo sobre su cuerpo la triste mirada de su antiguo amante.

Debieron pasar tres noches para que los invitados se marcharan y Augusto llamara al joven a su habitación. Por suerte, Marcio también había partido, sin haberse vuelto encontrar con su antiguo amante. Finalmente el momento llegó y Orestes fue debidamente preparado para dormir con su Señor.

 -Señor, el esclavo que solicitaste ha llegado-anunció una sirvienta rato después.

-Pues que entre ya mismo, ¿Qué están esperando?-rezongó el hombre.

-Ya escuchaste – advirtió la mujer indicándole que pasara.

-Con permiso-ingresó Orestes sin hacerse rogar.

-Pareces un Dios-sonrió este estirando su brazo hacia el elegante joven, rozando con la punta de sus dedos la capa bordada en oro que cubría el cuerpo de su casi amante. Ninguna de mis esposas ni otros amantes han logrado encenderme tanto .Acércate, nos seas tímido.

El joven obedeció, dispuesto a cumplir con todos los caprichos de su Emperador. Jamás debía demostrar que el encuentro con Marcio había logrado agitar nuevamente las aguas turbulentas de su corazón, porque sabía que ambos habrían firmado su sentencia de muerte.

-Ven aquí, a mi lado -indicó golpeando su lecho perfectamente arreglado No tengas miedo, suelo ser muy amable con mis amantes, pero muy celoso también. Es bueno que lo recuerdes-advirtió levantando con una mano la barbilla del hombre.

-Jamás pensaría en traicionarte, Señor-susurró obedeciendo a Augusto, quien comenzó a quitarle con delicadeza la costosa capa.

-No me cansaré nunca de admirar tu hermosura - susurró comenzando a acariciarle el casi desnudo cuerpo con sus labios

El joven cerró los ojos y cayó hacia atrás, dejando que el emperador recorriera toda su piel hasta que estuviera completamente saciado.

-Jamás te olvidé. Desde que llegaste con Marcio la primera vez soñé con este instante, pero debo reconocer que temí que no llegara nunca. Pese a ser descendiente directo de los Dioses trato de ser un hombre justo, y pertenecías mi gran amigo. Por lo tanto eras intocable.-mintió el hombre sacando una imperceptible sonrisa a Orestes. Pero él se despojó de ti, y el destino volvió reunirnos.

Sintiendo que su sangre ardía como fuego, Augusto se quitó toda la ropa, y se acomodó encima de su amante, ansioso por consumar su deseo, cuando Orestes abrió los ojos alertado por un ruido. Pensando que sería el viento, y temeroso de interrumpir a su amo, volvió a calmarse hasta que un golpe en la ventana logró llamar nuevamente su atención. Los quejidos de Augusto flotaban en la habitación, y el cuerpo del hombre, casi todo sobre el suyo, impedían ver si había alguien en la habitación. Sin previo aviso, el Emperador se corrió, y Orestes, distinguió con exactitud la figura de un intruso dibujada en una pared.

-Cuidado, quieren asesinarte -empujó al emperador en el momento justo que el hombre bajaba su cuchillo y lo clavaba equivocadamente en el pecho de Orestes.

-AYUDA-gritó este asustado. Las puertas se abrieron con prontitud, y, varios guardias entraron al lugar cayendo sobre el criminal, que intentaba huir por la ventana.

-Te tenemos, traidor -grito con fiereza uno de los guardias sostenido con firmeza al criminal.

- ¡Sosténgalo fuerte! Y traigan a mi médico personal, ya mismo-insistió Augusto observando a un desmayado Orestes cubierto de sangre.

-Ya voy, Señor-asintió uno de los guardias.

Casi enseguida, el facultativo legó a la habitación, y comenzó a revisar al herido.

-Vive-comentó finalmente este dirigiendo una confiada mirada al Emperador.

-Sálvalo, respondes por él con tu vida-ordenó Augusto.

-Pero está muy herido, con seguridad, el cuchillo daño órganos internos.

-Cuando regrese de interrogar a este maldito asesino quiero resultados. Y positivos-ordenó indicando a sus guaridas que lo siguieran y trajeran con ellos al criminal.

-Lo intentaré, Gran Señor-sollozó el doctor.

Una semana después, Orestes abrió los ojos y el médico sonrió satisfecho.

-Bienvenido-.Por suerte despertaste, o te seguiría al mundo de los muertos.

-¿Que sucedió?-pregunto confundido.

-Salvaste al Emperador de ser asesinado. Un grupo de guardias querían derrocarlo y tú lo impediste. Seguro escucharon que estaba contigo, y querían aprovechar ese momento de pasión para asesinarlo.

-También hubieran acabado conmigo, seguro no querrían dejar testigos.

-Sin duda, pero ya no debes preocuparte, están todos muertos.

-¿Cómo está el Emperador?

-Perfectamente, le avisaré de tu recuperación.

- En realidad no recuerdo nada de lo que mencionas. ¿Podrías darme un poco de agua? Y quizá algo de comer, tengo hambre.

-Enseguida tendrás lo que pides-asintió golpeando sus manos para llamar a los sirvientes.

Orestes se estaba alimentando cuando un sonriente Augusto llego acompañado de sus guardias...

-Señor-intento pararse Orestes sintiendo que todo comenzaba a dar vueltas en su cabeza.

-No te muevas, estás mal herido. Vine a darte las gracias. Por tu valor, continuó con vida. Pídeme lo que desees, no tengas miedo.

-Solo cumplí con mi deber-acotó.

-Insisto en brindarte un galardón por tu conducta.

 -Déjame libre -afirmó este sin titubear.

-Temía escuchar tu petición, pero te di mi palabra, y un Emperador siempre cumple. Creo que los Dioses no desean que nuestro amor se concrete, y debo satisfacer sus órdenes. En un rato firmaré tu emancipación y en cuanto mejores te irás. También te daré varias monedas para que puedas instalarte donde gustes. -se despidió el hombre dirigiéndose hacia la puerta. Llegaste en el momento justo para salvarme-susurró deteniéndose por un segundo.

-Parece que ese es mi destino. Y gracias, Señor, te deseo toda la felicidad el mundo junto a tu nueva esposa-asintió el hombre.

-Imagino que regresarás con Marcio-tartamudeó Augusto.

-No Recorreré el paraje donde nací para visitar a mi familia .Allí me instalaré, si los Dioses no disponen otra cosa. Estoy cansado de ir de un a lado otro.

-Lo mejor para ti-asintió orgullosamente el Emperador seguro que no tendría otra oportunidad con el esclavo.

Orestes contempló el palacio del Emperador y tomó una bocanada de aire .Tal como este había prometido era libre, y llevaba una importante suma de dinero   para radicarse en el sitio que quisiera. Distinguiendo a Augusto en el balcón imperial, se acercó a brindarle sus respetos, perdiéndose en seguida por los serpenteantes caminos del lugar.

-Entremos-se secó a las lágrimas el Emperador .Tengo muchas cosas que hacer.

Cabalgaba tranquilamente por un empedrado trecho, cuando una caravana de esclavos salió a su encuentro.

-Tu-exclamó Selene al verlo. ¿Qué haces por aquí?

-Paseo. Ahora soy un hombre libre otra vez, nadie puede detenerme. El Emperador castigará severamente a quien desee hacerme daño.

- Debo reconocer que jamás tuviste pasta de esclavo-asintió. ¿Hacia dónde vas?

-Descansaré en alguna posada de Ostia y luego seguiré viaje hacia mis tierras.

-Buen viaje-comento el esclavista. Debo continuar, tengo que entregar estos hombres mañana mismo. Si gustas, puedes pernoctar en casa de Prosapia, una viuda muy amable. Dile que yo te envió-agregó guiñando un ojo.

-De acuerdo, iré para allí-musitó observando la fila de infelices que continuaban su penosa marcha. "Debo agradecer al cielo que jamás volveré a estar en ese terrible lugar"-reflexionó continuando su camino.

Tal como había quedado, Orestes alquiló la pieza, y luego de una generosa cena que la mujer, se retiró a dormir.

-Que descanses -sonrió la anfitriona. Y si precisa atención especial, tengo esclavas y esclavos deseosos de complacer a mis generosos huéspedes.

-Gracias, pero estoy agotado. No puedo más-respondió con amabilidad.

-Como guste, dulces sueños.

-Eso espero-reflexionó quitándose la venda que cubría su herida. Mañana recorreré el lugar y seguiré viaje a lo de mi hermana, es hora de que conozca a mis sobrinos y vea lo grande que están mis hermanos-suspiró cerrando los ojos para imaginarse la emotiva visita.

Estaba casi dormido, cuando escuchó a la dueña de casa que lo llamaba.

-Lamento molestarte, pero hay un hombre muy distinguido que pregunta por ti.

-No comprendo, nadie sabía de mi presencia en este lugar-respondió confundido.

-Hola. Me voy de expedición y quise pasar a saludarte, quien sabe cuándo regresaré.

-¿Marcio?No comprendo, ¿Cómo supiste? Ah, pero que tonto soy . Selene te advirtió, por eso me sugirió esta casa.

Sin responder, el hombre abrazó a su antiguo amante y lo besó con ahínco, manteniéndolo preso entre sus fuertes brazos. Sintiéndose derrotado por la pasión, Orestes guio al Cónsul hasta su habitación, y los hombres se desnudaron rápidamente. Sin una palabra se amaron con avidez una y otra vez, hasta que finalmente cayeron agotados uno en brazo del otro.

-Te amo, Orestes y jamás dejó de hacerlo .Solo te pido que me perdones y regreses conmigo. No me contestes ahora, tengo que cumplir una última misión para el Emperador. Pero te buscaré en cuanto regrese, no importa dónde te encuentres, si me aceptas sabré hallarte. Hace tiempo debí haber quedado liberado por mis graves heridas, pero Augusto nunca quiso dejarme partir. Pero ahora me firmó un documento de exoneración si lo ayudaba esta última vez.

-Marcio, yo…susurró Orestes sintiendo los labios de su amante perderse nuevamente sobre los suyos. -He sido débil, pero él es todo para mí. Sin duda, el mercader le avisó que estaba aquí, Marcio dijo que se habían conocido cuando salió a buscarme-alcanzó a razonar el joven acariciando a su dormido amante

  Sediento, Orestes se levantó a beber un vaso con agua, contemplando desolado el sitio donde hacía poco tiempo, descansaba el amor de su vida.

-¿Acaso fue un sueño?-se preguntó en ese momento escuchando el golpeteo de los caballos que pasaban por las desoladas callejuelas. ¡Marcio!-exclamó al divisar por la ventana a su amante dirigiendo a las tropas

Despidiéndose mentalmente, volvió a la cama y aspiró el aroma de este que todavía, perduraba entre las suaves mantas.

-Te estaré esperando, aunque el hado parece jugar con nosotros una y otra vez-suspiró soñando con el pronto regreso del Cónsul.

Encuentro

Orestes disfrutaba el aire primaveral cabalgando por las verdes llanuras. En esos dos años, se había reencontrado con su familia, y los había ayudado a construir una cómoda casa con varios tipos de plantíos estacionales.

Cada tanto llegaba de visita, pero prefería recorrer diverso lugares trabajando como peón en donde precisaran gente, sin un establecimiento fijo.

-Parece que no estoy cómodo en ningún lugar –se lamentó. ¿Qué será de Marcio?-pensó sorpresivamente. Seguro estará en Roma, junto al Emperador o en algún cargo importante. Lo último que me enteré fue que todas las rebeliones habían sido vencidas. Jamás debí hacerme ilusiones respecto a su promesa de venir a buscarme - sonrió con nostalgia dirigiéndose en forma inconsciente hacia la casa del hombre que tanto había amado. (O amaba)

Creyendo haber llegado a la villa se detuvo, sin poder convencerse que ese desolado lugar era el sito donde había vivido con Marcio.

-Debo estar equivocado, esta no puede ser su casa-susurró al ver la descuidada vivienda que se vislumbraba un poco más adelante.

Descendiendo de su caballo, caminó unos pasos hacia la edificación cuando una degastada mujer salió a su encuentro.

-Buenos días, señor, ¿a quién busca? Pero, ¿Orestes?-preguntó abriendo grande sus ojos.

-¿Me conoces?-preguntó este intentando recordar quien sería esa extraña.

-Soy Marina –sollozó la mujer. Quizá no me recuerdas, pero hablé a tu favor en aquel desgraciado suceso que te separó del amo. Si hubiese sido más oportuna, nada de esto hubiese pasado, y hoy seguirían juntos.

-¿A qué te refieres? ¿Acaso Marcio…..murió?

 -No, pero es como si hubiese fallecido... En su última campaña fue herido de gravedad, y ya no se recuperó. El emperador al fin lo exoneró y Marcio regresó a casa, pero se ha dedicado al alcohol y a compadecerse de sí mismo desde que volvió.

-¿Solo tú has quedado aquí?

-No.Hay varios más, pero hacen lo que pueden o quieren, si la cabeza falla, de nada sirve esforzarse.

-"Por eso no regresó por mí tal como prometió" Quizá llegó el momento de establecerme en algún lugar ¿Y qué mejor sitio que al lado de quien amo? -reflexionó el hombre. Toma este dinero y ve con alguien de confianza en busca de Osfrán el mercader, dile que te vendan algunos fuertes esclavos para trabajar en el campo del Cónsul Marcio Tulio-afirmó decidido.

-¿Eso significa que…te quedarás?-titubeó la mujer.

-Si tu amo me acepta, lo cual espero que así sea... En cuanto regresen con los sirvientes, haremos un plan para recuperar el lugar .Ahora dime, ¿dónde está Marcio?

-Aquí estoy, te vi a la distancia –se acercó el desprolijo hombre. ¿Crees que aceptaré tu piedad?

-No, pero si mi amor. Quedaron muchas cosas por decir la última vez que nos vimos.

-Fui muy cruel contigo, ¿porque deberías ayudarme?

-Parece que el alcohol te ha vuelto tonto, te amo, siempre lo hice. ¿O porqué otro motivo vendría vivir en este monte inmundo?-lo reprendió Orestes.

-No soy el Marcio que conociste, estoy lisiado, y tengo pesadillas. La última batalla fue muy cruel, solo tu recuerdo esperándome me mantenía en pie.

-Me alegra escuchar que todavía me amas -sonrió Orestes más animado

-Siempre lo he hecho, nunca dejé de reprocharme la locura cometida al venderte. Al rato de cometer esa terrible acción estaba arrepentido, pero el maldito orgullo me impidió salir corriendo atrás tuyo. Además, pensaba que me odiarías, había asesinado sin piedad al pobre artista.

Orestes se acercó al hombre y lo silenció con un beso.

-Dejemos atrás el pasado, nada de lo que hicimos puede cambiarse. Vamos a mejorar tu aspecto y a recorrer todo el campo...pronto esta casa, resucitará al igual que nuestro amor-lo abrazó para caminar juntos hacia la vivienda.

Había transcurrido unos pocos meses, cuando, los hombres aprovechaban el final de una tarde primaveral para recorrer a caballo los ahora coloridos prados. Sin apuro, se dirigieron hacia una pequeña colina y deteniéndose en una cima, observaron como la vida regresaba lentamente al lugar.

-¿Cuántas veces van que me salvas?-preguntó Marcio acercándose a su amante. No alcanzará el resto de mi vida para agradecerte.

-Estoy tan acostumbrado, que ya ni lo recuerdo -sonrió acomodándose detrás de las orejas el rojizo cabello iluminado por el sol. Pero en un rato, podrás demostrarme nuevamente la sinceridad de esas palabras.

-Vamos entonces, la primera estrella está por salir. Y la noche dura menos en primavera.

-Muy buena idea- asintió Orestes golpeando a su animal para que se pusiera en marcha.

-Te sigo - gritó Marcio corriendo detrás de su amante.

El viento soplaba con fuerza cuando los dos hombres descendieron en la puerta de la casa, y tras un rápido beso se dispusieron a entrar.

Desde el cielo, los Dioses sonreían, finalmente Cupido había triunfado. Tenía razón, Orestes y Marcio habían nacido para estos juntos.

Una vez más, recostados sobre al cálido lecho, la pareja unió sus cuerpos y almas festejando el esperado reencuentro. Sabían que esta vez, era para siempre.

El divino hijo de Venus y Marte suspiró mientras tomaba otra flecha. Con seguridad, había muchos más mortales deseosos de recibir su poción de amor. No era buena idea hacerlos esperar. Esta compleja misión, ya había terminado, pero quedaba mucho más trabajo que realizar. Sonriendo dichoso, se perdió en la maravillosa noche que lo recibió ansiosa entre sus brazos, pues tenía claro, que en ese gracioso niño, residía la esperanza del mundo.

¿Quién no se ha equivocado en su vida? Muchísimas veces los caminos parecen tan claros y sencillos de recorrer, pero en realidad, son simplemente espejismos que nos llevan hacia lugares traicioneros, impidiéndonos ver la realidad tal cual es. En el amor, esta confusión se presenta más de lo que creemos, y puede ser muy peligroso, ya que cuando comprendemos el error cometido, el miedo puede paralizarnos o impedirnos el regreso.

Eso mismo pensaba Jaime Lude, mientras recorría el trayecto hacia la casa de Catriel Solmán, la persona que más amaba en este mundo, y a una de la que más daño había hecho al ofenderlo por culpa de su maldita inmadurez.

Sin embargo, logró vencer sus miedos, al escuchar atentamente a su corazón, cuando este insistió, que quizá, no todo estaba perdido, y detrás de peligrosos senderos, brillaba la luz.

Deteniéndose en la puerta de su amado, tomó aire, y rezó por un milagro.

Como una mágica respuesta, el sol apareció radiante tras las encapotadas nubes y lo cubrió con su magnífico resplandor

-Quizá sea un presagio-sonrió tocando valerosamente el timbre.

Sabía que sería todo o nada para él: la dulzura de la claridad o el dolor de las tinieblas. La puerta se abrió tímidamente, y Catriel apareció demostrando un profundo asombro por la inesperada visita.

-Hola, tenemos que hablar-susurró Jaime con un hilo de voz.

Un relámpago iluminó el cielo, y enseguida un trueno hizo temblar el corazón de los hombres.

-Pasa, está goteando de nuevo. Parece que va continuar lloviendo-asintió Catriel haciendo pasar al recién llegado sin hacer más comentarios.

Solo se escuchaba la voz de Jaime, cuando la primera estrella asomó entre los labios del dueño de casa, indicando que tal vez, el temporal había pasado.

Sheina Lee

Visita mi página literaria

www.sheinalee.com